A defesa nas medidas *antidumping*

**POR MEIO DO INTERESSE PÚBLICO
NO BRASIL, NO CANADÁ E NA UNIÃO EUROPEIA**

Conselho Editorial

André Luís Callegari
Carlos Alberto Molinaro
César Landa Arroyo
Daniel Francisco Mitidiero
Darci Guimarães Ribeiro
Draiton Gonzaga de Souza
Elaine Harzheim Macedo
Eugênio Facchini Neto
Giovani Agostini Saavedra
Ingo Wolfgang Sarlet
José Antonio Montilla Martos
Jose Luiz Bolzan de Morais
José Maria Porras Ramirez
José Maria Rosa Tesheiner
Leandro Paulsen
Lenio Luiz Streck
Miguel Àngel Presno Linera
Paulo Antônio Caliendo Velloso da Silveira
Paulo Mota Pinto

Dados Internacionais de Catalogação na Publicação (CIP)

T338d   Tessari, Cláudio.
        A defesa nas medidas antidumping por meio do interesse público no Brasil, no Canadá e na União Europeia / Cláudio Tessari. – Porto Alegre : Livraria do Advogado Editora, 2016.
        164 p. ; 23 cm.
        Inclui bibliografia.
        ISBN 978-85-69538-53-0

        1. Antidumping. 2. Dumping (Política comercial). 3. Comércio internacional. 4. Interesse público. 5. Direitos humanos. I. Título.

CDU 339.137.44
CDD 382.7

Índice para catálogo sistemático:
1. Antidumping   339.137.44

(Bibliotecária responsável: Sabrina Leal Araujo – CRB 10/1507)

Cláudio Tessari

A defesa nas medidas *antidumping*
POR MEIO DO INTERESSE PÚBLICO
NO BRASIL, NO CANADÁ E NA UNIÃO EUROPEIA

Porto Alegre, 2016

© Cláudio Tessari, 2016

Capa, projeto gráfico e diagramação
Livraria do Advogado Editora

Revisão
Rosane Marques Borba

Gravura da capa
pixabay.com

Direitos desta edição reservados por
Livraria do Advogado Editora Ltda.
Rua Riachuelo, 1300
90010-273 Porto Alegre RS
Fone: 0800-51-7522
editora@livrariadoadvogado.com.br
www.doadvogado.com.br

Impresso no Brasil / Printed in Brazil

Dedico este livro à dona de casa Sra. Rosalina Macedo, minha mãe, que sempre sonhou ter um filho advogado e, em sua simplicidade, ensinou-me lições importantíssimas com as seguintes máximas: "o mínimo que uma pessoa pode fazer na vida é manter-se" e "quer ser bem recebido numa casa? Vá pouco".

Dedico também ao amor da minha vida, minha esposa, Denise Franke, na certeza de que seu coração está repleto de alegria, orgulho e saudades de seu marido, que ficou ausente por muitas noites e finais de semana.

Agradeço à colega, cunhada e amiga, Bel. Camila Bandel Nunes Pinheiro, por suas sempre muito sinceras opiniões, ajuda e apoio, e aos meus queridos amigos e professores, Me. Conrado Paulino da Rosa, Me. Cláudia Gay Barbedo, Me. Liana Bairros de Souza, Dra. Maria Cristina Gomes da Silva d'Ornellas, Dr. Marc Antoni Deitos e Dr. Marcelo Coletto Pohlmann, por me fazerem acreditar que eu poderia chegar até aqui.

Prefácio

É com grande honra e prazer que recebi o convite para prefaciar a obra do advogado e professor Cláudio Tessari. Tive a felicidade de tê-lo como aluno no curso de especialização que coordeno na Pontifícia Universidade Católica do Rio Grande do Sul (PUCRS), onde, aliado à sua sólida formação e experiência na área tributária, manifestou espírito inquieto e incansável na busca do conhecimento em todas as disciplinas. Esse padrão de postura permitiu-me muito cedo perceber que o autor desta obra trazia em seu DNA o gene do prazer pela pesquisa e pela cátedra, o que faz de forma incansável em busca da excelência.

Outro não poderia ser o destino e o desenrolar dos acontecimentos que não a sequência dos estudos em busca do mestrado, bem como uma definitiva incursão no mundo acadêmico, com intensa produção e publicação de artigos científicos e o exercício do magistério em disciplinas ligadas ao Direito e ao Planejamento Tributário.

A presente obra é o fruto de uma pesquisa de fôlego sobre tema extremamente atual e relevante, sedento de novas incursões devido à carência de obras sobre o assunto. E essa circunstância não passou despercebida pelo autor, que viu aí a oportunidade de lançar luz sobre questões ainda pouco exploradas e, assim, contribuir de forma relevante para a evolução do conhecimento sobre o tema.

Nesse sentido, ele explora com propriedade o interesse público como uma forma de possibilitar a defesa dos interesses dos importadores, usuários industriais e consumidores para não aplicação, suspensão ou redução das medidas *antidumping*. Para isso, não se descuida dos aspectos metodológicos, descrevendo-os com clareza no Capítulo 2, no qual fica patente que a contribuição do autor vai além de um balanço normativo sobre a matéria, avançando na investigação empírica para uma melhor compreensão do fenômeno e seus desdobramentos.

No Capítulo 3, a obra apresenta uma minuciosa descrição e análise das normas do GATT e da OMC, define *dumping*, prejuízo, nexo de causalidade e medidas *antidumping* e trata dos critérios para apuração do interesse público nas relações comerciais em nível mundial. Além disso, procede à análise da legislação interna de *antidumping* dos países-membros da OMC, Brasil, Canadá e União Europeia, que adotaram o interesse público como um quarto requisito para a instituição de medidas *antidumping*.

A seguir, adotando uma combinação dos métodos do estudo de caso e da análise de conteúdo para demonstrar a relação entre interesse público e comércio internacional, o autor brinda-nos com uma análise minudente de decisões proferidas por países que inseriram, em suas legislações internas de *antidumping*, o interesse público para instituição de medidas *antidumping*: Brasil, Canadá e União Europeia, que possuem importantíssimos precedentes no sentido de não aplicar, reduzir ou suspender as medidas *antidumping* em razão do interesse público.

Com base nesse exame, o autor demonstra que o interesse público proporciona que sejam consideradas questões originárias da situação dos importadores, usuários industriais e consumidores, para não aplicação, redução ou suspensão das medidas *antidumping*, com o objetivo de proteger os países importadores de eventuais consequências indesejáveis decorrentes da aplicação dessas medidas.

Por fim, no Capítulo 5, não se dando, ainda, por satisfeito com os achados, o autor vai além e finaliza, estabelecendo uma conexão interdisciplinar com a temática dos Direitos Humanos, evidenciando que o exame do interesse público no âmbito dos processos de *antidumping* permite que sejam consideradas várias razões de Direitos Humanos de nova geração (justiça social, distribuição de renda, pleno emprego e bem-estar socioeconômico) para não aplicação, redução ou suspensão de tais medidas, na defesa dos interesses dos importadores, usuários industriais e consumidores.

Assim, este livro é muito bem-vindo e digno de ser lido com disposição e deleite por estudantes, profissionais e pesquisadores do Direito Tributário, do Direito Internacional, do Comércio Internacional e dos Direitos Humanos, apenas para citar os mais diretamente interessados!

Prof. Dr. Marcelo Coletto Polhmann

Bacharel em Ciências Contábeis e em Direito pela UFRGS,
mestre e doutor em Contabilidade pela Faculdade de Economia,
Administração e Contabilidade da USP, especialista em Integração Econômica
e Direito Internacional Fiscal (ESAF/FGV/Universidade de Münster). Professor
e pesquisador do Departamento de Contabilidade da FACE/PUCRS
e Professor convidado de diversos cursos de Pós-Graduação no Brasil e no
exterior. Procurador da Fazenda Nacional desde 1993.

Sumário

Lista de abreviaturas e siglas...13

1. Introdução..15

2. Método de procedimento 24

3. *Dumping, antidumping* e interesse público......................................26

   3.1. O Acordo Geral sobre Tarifas e Comércio (GATT/1947 e GATT/1994) e a Organização Mundial do Comércio – OMC...26

   3.2. *Dumping*, prejuízo, nexo de causalidade: as medidas *antidumping* no âmbito do acordo *antidumping* da OMC...36

   3.3. *Antidumping* e intereresse público na OMC...............................44

   3.4. Critérios para apuração do interesse público nas relações comerciais a nível mundial...56

   3.5. *Antidumping* e interesse público no Canadá...............................59

   3.6. *Antidumping* e interesse público na União Europeia....................68

   3.7. *Antidumping* e interesse público no Brasil..................................80

      3.7.1. A questão do interesse público no Brasil no âmbito dos processos administrativos originários da administração pública direta e indireta federal...80

      3.7.2. A questão do interesse público no Brasil no âmbito dos processos administrativos relativos à investigação e à aplicação de medidas *antidumping*...81

      3.7.3. Os procedimentos administrativos de análise de pleitos no âmbito do GTIP...89

4. Estudos de casos com análise de conteúdo 92

   4.1. Casos de não aplicação, redução ou suspensão de medidas *antidumping*, no Canadá, em razão do interesse público..92

      4.1.1. O caso das bebidas de malte, comumente conhecidas como cervejas........92

      4.1.2. O caso das comidas industrializadas para bebê – CIB....................94

      4.1.3. O caso do fio de aço inoxidável....................................102

   4.2. Casos de não aplicação de medidas *antidumping*, na União Europeia, em razão do interesse da União...106

      4.2.1. O caso da resina de goma 107

4.2.2. O caso das bolsas de folhas de plástico ou de matérias têxteis............109

4.2.3. O caso do Sistema de Leitura Ótica por *Laser* utilizado em veículos a motor – SLOL..112

4.2.4. O caso do ferro-silício 115

4.2.5. O caso dos discos versáteis digitais para gravação (DVD+/-R)..........118

4.3. Casos de não aplicação, redução ou suspensão de medidas *antidumping*, no Brasil, em razão do interesse público...121

4.3.1. O caso do MDI polimérico..121

4.3.2. O caso dos laminados planos de aço silício...123

4.3.3. O caso dos pedivelas para bicicletas...126

4.3.4. O caso das fibras de viscose...129

4.3.5. O caso das resinas de policarbonato...130

4.3.6. O caso da Copa do Mundo – FIFA 2014..133

5. Direitos humanos...138

5.1. O interesse público oportuniza a análise de questões de direitos humanos para defesa dos importadores, usuários industriais e consumidores, justamente para não aplicação, suspensão ou redução das medidas *antidumping*...138

6. Conclusão 155

Referências..161

Bibliografia consultada...163

Lista de abreviaturas e siglas

AAD............Acordo *Antidumping*

ABINT..........Associação Brasileira da Indústria de Nãotecidos Técnicos

APA.............Acordo Prévio de Preços para fins de *Transfer Pricing*

CADE..........Conselho Administrativo de Defesa Econômica

CAMEX.........Câmara de Comércio Exterior

CIB..............Caso das comidas industrializadas para bebês

CBSA..........Agência de Serviços Fronteiriços do Canadá

CE..............Comissão Europeia

CIF..............Custo, seguro e frete

CITT.............Tribunal de Negociação Internacional do Canadá

DECOM.........Departamento de Defesa Comercial

DUDH..........Declaração Universal dos Direitos Humanos da ONU

ESC.............Entendimento de Solução de Controvérsias

UE..............União Europeia

FANs............Países-Membros da OMC Amigos do *Antidumping*

FMI.............Fundo Monetário Internacional

GATS..........Acordo Geral sobre Comércio de Serviços

GATT/1947.....Acordo Geral sobre Tarifas e Comércio de 1947

GATT/1994.....Acordo Geral sobre Tarifas e Comércio de 1994

GECEX.........Comitê Executivo de Gestão da Câmara de Comércio Exterior

GTDC...........Grupo Técnico de Defesa Comercial

GTIP.............Grupo Técnico de Avaliação do Interesse Público

MDIC...........Ministério do Desenvolvimento, Indústria e Comércio Exterior

NCM.............Nomenclatura Comum do Mercosul

OCDE...........Organização para Cooperação e Desenvolvimento Econômico

OIC.............Organização Internacional do Comércio

OMC............Organização Mundial do Comércio

ONU............Organização das Nações Unidas

OSC............Órgão de Solução de Controvérsias no âmbito da OMC

RCE ....Regulamento da Comunidade Europeia

SEAE/MF.......Secretaria de Acompanhamento Econômico do Ministério da Fazenda

SECEX.........Secretaria de Comércio Exterior

SIMA ....Ato Especial sobre Medidas de Importação

TRIPS..........Acordo sobre Aspectos dos Direitos de Propriedade Intelectual Relacionados ao Comércio

1. Introdução

Entre as práticas existentes no comércio mundial, destaca-se aquela que se caracteriza pela introdução de um bem no mercado internacional com preço de exportação inferior ao valor normal praticado no mercado interno do país exportador. Essa prática é conhecida por *dumping*.

Assim, *dumping* é, em geral, uma situação de discriminação de preços internacional, ou seja, "o preço de um produto vendido no país de importação é inferior ao preço a que o produto é vendido no mercado do país exportador".[1]

Nesse sentido é a definição de Edwin Vermulst:

Articule 2 of the ADA establishes the paramenters for determining the existence and extent of dumping, which is defined in Articule 2.1 as occurring when the export price of the product exported from one country to another is less than the comparable price, in the ordinary course of trade, for the like product when destined for consumption in the exporting country.[2] (2007, p. 231)

A opção de uma empresa em adotar a estratégia de diminuir o seu lucro no mercado exportador quando comparado com o lucro alcançado no seu mercado interno pode envolver uma série de razões que incluem, por exemplo, tanto o fato de tal empresa ainda não ser conhecida ou não ter a sua reputação consolidada no mercado externo, quanto às diferenças na estrutura concorrencial dos mercados domésticos e de exportação da mesma.[3]

---

[1] Disponível em: <https://www.wto.org/spanish/tratop_s/adp_s/adp_info_s.htm>. Acesso em: 17 mai. 2015.

[2] O Art. 2º do AAD estabelece os parâmetros para determinar a existência e a extensão do *dumping*, que é definido no artigo 2.1 como aquele que ocorre quando o preço de exportação do produto exportado de um país para outro é menor do que o preço comparável, no decurso de operações comerciais, do produto similar destinado ao consumo no país exportador. (VERMULST, Edwin. IKENSON, Daniel. *Zeroing Under the WTO Anti-Dumping Agreement:* Where Do WE Sand?. Global Trade and Customs Journal, United Kingdom, London, v. 2, ano 6, 2007, p. 231, tradução nossa). Disponível em: <https://www.kluwerlawonline.com/abstract.php?area=Journals&id=GTCJ2007029>. Acesso em: 14 mai. 2015.

[3] WU, Mark. *Antidumping in Asia's Emerging Giants*. Harvard International Law Journal, USA, v. 53, n. 1, 2012, p. 111. Disponível em: <http://chongbanphagia.vn/Uploaded/Users/Admin/files/2015/5/AD%20in%20Asia%20emerding%20giants.pdf>. Acesso em: 25 jun. 2015.

Além disso, há autores que salientam que a prática do *dumping* pode ser capaz de melhorar o ambiente competitivo no país importador, opondo-se a qualquer tendência de conluio entre os produtores nacionais ou, ainda, impedindo a formação de um cartel internacional.[4]

Assim, no âmbito da teoria econômica, é possível afirmar que tal prática poderia não ser considerada problemática e, por conseguinte, não ensejar a aplicação de qualquer tipo de medida para reprimi-la, "provided that the firm is pricing above its average variable costs".[5] (2012, p. 111)

Quando o referido *dumping* causar prejuízo à indústria do país importador, e houver um nexo de causalidade entre a importação e tal prejuízo, os governos dos Países-Membros da OMC, com base no previsto no Acordo *Antidumping* (AAD/1995), estão autorizados a protegerem seus países (as indústrias nacionais) dessa prática desleal de comércio internacional, por meio da adoção de medidas *antidumping*. Tal medida consiste em uma imposição paratarifária de direito econômico, em percentual ou por meio de valor fixo, incidente sobre o preço do produto importado.[6]

John Howard Jackson refere, então, o fato de as empresas utilizarem uma série de estratégias – muitas delas desleais – para promover as suas exportações e o direito dos países importadores utilizarem medidas protecionistas:

> Other than import restraints, a number of policies of firms or goverments are designed to influence international trade flows. In particular, both governments and enterprises may wish to promote exports through the use of discriminatory pricing or subsidies. For decades, many versions of these practices have been considered by the international system and many national systems to be ufair. To such practices the international rules have permitted certain responses from the importing nations, such as *antidumping* duties or countervailing duties.[7] (1999, p. 247)

---

[4] ROMANO, Alessandro. THAMMAPITAGKUL, Peachya. *Antidumping*. A public interest no so much in the public interest. Manchester Journal of International Economic Law, USA, v. 10, n. 1, 2013, p. 62. Disponível em:<https://www.electronicpublications.org/stuff.php?id=419>. Acesso em: 25 jun. 2015.

[5] [...] desde que a empresa está fixando o preço superior aos custos variáveis médios. (WU, Mark. *Antidumping in Asia's Emerging Giants*. Harvard International Law Journal, USA, v. 53, n. 1, 2012, p. 111, tradução nossa). Disponível em: <http://chongbanphagia.vn/Uploaded/Users/Admin/files/2015/5/AD%20in%20Asia%20emerding%20giants.pdf>. Acesso em: 25 jun. 2015.

[6] BASTOS, Eduardo Lessa. *Estudo analítico do dumping na esfera internacional*. Curitiba: Juruá, 2012, p. 15.

[7] Além de restrições de importação, um número de políticas de empresas ou governos são desenvolvidas para influenciar no fluxo do comércio internacional. Em particular, ambos, governos e empresas, podem desejar promover exportações através do uso de preços ou subsídios discriminatórios. Por décadas, muitas versões dessas práticas têm sido consideradas pelo sistema internacional, e muitos nacionais, como sendo 'injustas'. Para tais práticas, as regras internacio-

Tal como apontado por diferentes autores,[8] ao mesmo passo em que há o desmantelamento gradual das barreiras tarifárias, há a aplicação de medidas *antidumping*, que deixam de lado o objetivo de compensar os prejuízos causados pela concorrência desleal para, simplesmente, se tornarem uma forma de enfrentar as dificuldades econômicas vivenciadas pelos produtores nacionais. Assim, se aplicadas apenas como um instrumento para lidar com as consequências negativas que o processo de liberalização econômica pode apresentar, tornam-se uma mera ferramenta de proteção dos produtores domésticos.

Avsar afirma, por exemplo, que a aplicação de medidas *antidumping* tem sido uma brecha/alternativa aplicada por muitos países – tanto desenvolvidos quanto em desenvolvimento – para que suas indústrias domésticas alcancem uma proteção temporária contra as importações. Neste sentido, este mesmo autor esclarece que são comuns as acusações de muitas indústrias domésticas que enfrentam dificuldades em um mercado em processo de liberalização econômica, de "que os seus parceiros comerciais estão praticando *dumping* ou que estão vendendo os produtos que exportam abaixo do valor normal, ainda que tais afirmações não sejam verdadeiras".[9] (2015, p. 133, tradução nossa)

Isso ocorre porque nos termos do atual quadro normativo em vigor na Organização Mundial do Comércio (OMC), um governo pode impor medidas *antidumping* em muitas circunstâncias, ainda que estas tragam para os consumidores do país importador algum tipo de ganho de bem-estar – *welfare* – em decorrência da redução do preço cobrado pelo produto *dumpiado*.

Contudo, o conceito de *dumping* e a possibilidade de imposição de medidas *antidumping* precedem o estabelecimento da OMC em muito tempo. Foi o filósofo e economista escocês Adam Smith quem pela primeira vez fez uso da expressão *dumping*, não obstante a tenha

---

nais têm permitido certas respostas das nações importadoras, tais como taxas de *antidumping* ou taxas de compensação. (JACKSON, JONH HOWARD. *The Word trading system:* law and policy of international economic relations. 3th ed. Massachusetts: Trade Typesetting Ltd., 1999, p. 247, tradução nossa).

[8] ROMANO, Alessandro. THAMMAPITAGKUL, Peachya. *Antidumping.* A public interest no so much in the public interest. Manchester Journal of International Economic Law, USA, v. 10, n. 1, 2013. Disponível em: <https://www.electronicpublications.org/stuff.php?id=419>. Acesso em: 25 jun. 2015; WU, Mark. *Antidumping in Asia's Emerging Giants.* Harvard International Law Journal, USA, v. 53, n. 1, 2012.

[9] "That their business partners are practicing dumping or are selling the products exported below the normal value, even if such claims are not true" (AVSAR, Veysel. *Antidumping, retaliation threats, and export prices.* The World Bank Economic Review, USA, v. 29, n. 2, 2015, p. 133. DOI:10.1093/wber/lhs010.)

utilizado para identificar uma situação econômica que, hodiernamente, é conhecida por subsídio.[10]

Entretanto, o canadense Jacob Viner, um dos mentores e inspiradores do início da escola de Chicago de Economia na década de 1930,[11] foi o primeiro economista a qualificar o instituto do *dumping* como é conhecido atualmente. Neste sentido, ensinava: "[...] *the one essential charateristic of dumping, iconted, is price-discrimination between purchases in differente national markets*".[12] (2012, p. 71)

O primeiro país a editar uma lei específica para coibir a prática de *dumping* foi o Canadá, no início do século XX. Isso ocorreu em decorrência de que, naquela época, o país construía uma ferrovia que cruzaria toda sua extensão territorial, objetivando, é claro, implementar o comércio e o tráfego de pessoas, mas os produtores canadenses de aço não conseguiam produzir a quantidade necessária do produto (aço) para ser utilizado nas estradas férreas.[13]

Aproveitando-se da situação, investidores norte-americanos (US Steel Corporation) começaram e negociar (exportar) aço para os fabricantes de estradas de ferro canadenses a preços que inviabilizariam a concorrência por parte das indústrias produtoras de aço no país importador (Canadá). Tais exportações ocasionaram o domínio do mercado local (canadense) com a quebra de indústrias nacionais, acarretando expressivos índices de desemprego, situação essa que foi coibida por meio da adoção da primeira legislação *antidumping* do mundo.[14]

Além disso, embora atacar a entrada de aço norte-americano *dumpiado* no mercado canadense tenha sido o objetivo declarado da nova legislação, essa, aparentemente, também encontrou motivação no intento dos produtores domésticos canadenses acharem uma alternativa capaz de aumentar as alíquotas cobradas na importação de produtos.[15]

---

[10] ARRUDA, Gustavo Fávaro. *Entendendo o dumping e o direito antidumping*. Revista do Instituto Brasileiro de Estudos das Relações de Concorrência e de Consumo – IBRAC. São Paulo: Singular, v. 12, n. 6, jul./set. 2005, p. 16.

[11] FERNANDEZ, Leandro. *Dumping Social e o comércio internacional*. Revista Síntese de Direito Empresarial, São Paulo, ano 5, n. 27, Jul./Ago. 2012, p. 71.

[12] [...] ou seja, para a economia, o *dumping* é definido como discriminação de preços entre mercados. (*Ibidem*, p. 71, tradução nossa).

[13] *Ibidem*, p. 70.

[14] *Ibidem*, p. 70.

[15] BARCELÓ III, John J. *A History of GATT Unfair Trade Remedy Law* – Confusion of Purposes, Cornell Law Faculty Publications, paper 517, 1991, p. 314. Disponível em: <http://scholarship.law.cornell.edu/facpub/517>. Acesso em: 20 de jun. 2015.

No ano de 1904, o Ministro das Finanças Públicas canadense asseverou:

We find today that the high tariff countries have adopted that method of trade which has now come to be known as slaughtering, or perhaps the Word more frequently used is *dumping*; that is to say, that the trust or combine, having obtained command and control of its own market and finding that it will have a surplus of goods, sets out to obtain command of a neighboring market, and for the purpose of obtaining control a neighboring market Will put aside all reasonable considerations with regard to the cost or fair price of the goods; the only principle recognized is that the goods must be sold and the market obtained (...). This *dumping*, then, is an evil, and we propose to deal with it.[16] (1992, 123)

Depois do Canadá, foi a vez dos Estados Unidos da América adotar legislações referentes à prática do *dumping* e medidas *antidumping*. A primeira legislação norte-americana sobre o tema – adotada em 1916 – trouxe a valorosa característica de concentrar esforços em regular comportamentos predatórios. Na verdade, essa legislação exigia como requisitos para que houvesse a aplicação de medidas *antidumping*, a prática do *dumping* de forma "comum e sistemática" e com um preço substancialmente inferior ao cobrado no mercado doméstico, cujo intuito fosse destruir ou prejudicar (significativamente) uma indústria dos Estados Unidos da América ou, ainda, restringir ou monopolizar parte do comércio ou do negócio.[17]

Porém, a partir do *1921 Act*, houve uma significativa mudança na política *antidumping* norte-americana. Para Barceló, *"the 1921 Act introduced into United States law the basic confusion of anti-trust and protectionist purposes that has marked anti-dumping policy in modern times"*[18] (1991, p. 314). Foi deixado de lado o conceito de *dumping* predatório, para se tratar da ideia de *dumping* que prejudica a indústria nacional.

Abandonar a necessidade de provas sobre a intenção predatória do *dumping* para substituí-lo por um simples teste referente à com-

---

[16] Hoje acreditamos que os países com alta tarifa têm adotado o método de negociação que vem a ser conhecido como abate, ou talvez a palavra mais frequentemente usada seja *dumping*; o que significa dizer que, a confiança ou a combinação, tendo obtido comando e controle de seu próprio mercado e pensando que terá um excedente de produtos, inicia a obtenção do controle de um mercado vizinho e no propósito de obter controle de um mercado vizinho, colocará de lado todas as considerações razoáveis em relação ao custo ou preço justo dos produtos; o único princípio reconhecido é o de que os produtos devem ser vendidos e o mercado obtido [...]. Esse *dumping*, então, é uma praga, e nós propomos lidar com ele. (HEES. VALLE, apud J. Michel Finger. *Dumping and antidumping: the rhetoric and the reality of protection in industrial countries*, The World Bank Research Observer. Osford, v. 7, n. 2, July 1992, p. 123, tradução nossa).

[17] *Ibidem*, p. 314.

[18] A Lei de 1921 introduziu na legislação dos Estados Unidos a confusão básica de confiança e antifins protecionistas que têm marcado a política *antidumping*, nos tempos modernos. (BARCELÓ III, John J. *A History of GATT Unfair Trade Remedy Law* – Confusion of Purposes, Cornell Law Faculty Publications, paper 517, 1991, p. 314. Disponível em: <http://scholarship.law.cornell.edu/facpub/517>. Acesso em: 20 de jun. 2015, tradução nossa).

provação de prejuízo para indústria nacional acrescentou um significativo potencial protecionista à legislação dos Estados Unidos da América. Neste sentido, cabe referir o expresso por Romano e Thammapitagkul:

> To liberalize trade is not an easy task and even the Secretary of State Cordell Hull, the father of the Reciprocal Trade Agreements Act of 1934 (RTAA), clearly stated that effective tools had to be introduced to protect the American industry, in order to earn the support of the Congress to a serious program of trade liberalization.[19] (2013, p. 64)

A negociação do GATT marcou outra etapa das regras estabelecidas para a aplicação de medidas *antidumping*. Durante as conferências formativas do GATT, realizadas em 1946 e 1947, parecia haver uma concordância geral entre os negociadores sobre a necessidade de regras para a aplicação de medidas *antidumping*.[20]

Porém, ao final da Rodada Kennedy de Negociações Comerciais Internacionais (1963-1967), foi criado o primeiro código que tratou sobre a matéria estabelecendo, efetivamente, a definição de *dumping*, prejuízo, indústria, além do prazo de duração da medida *antidumping*.

Até o ano 1967,[21] as investigações *antidumping* tinham como amparo legal multilateral as disposições constantes do artigo VI do Acordo Geral sobre Tarifas e Comércio de 1947 – GATT/1947 –, com o seguinte teor:

> The contracting parties recognize that dumping, by which products of one country are introduced into the commerce of another country at less than the normal value of the products, is to be condemned if it causses or threatens material injury to an established industry in the territory of a contracting party or materially retards the establishment of a domestic *dumping*.[22] (2008, p. 300)

---

[19] Liberalizar o comércio não é uma tarefa fácil e até mesmo o secretário de Estado Cordell Hull, o pai o Ato de Acordos Recíprocos de Comércio de 1934 (RTAA), afirmou claramente que ferramentas eficazes tiveram que ser introduzidas para proteger a indústria norte-americana, a fim de ganhar o apoio do Congresso para um programa sério de liberalização do comércio". (ROMANO, Alessandro. THAMMAPITAGKUL, Peachya. *Antidumping. A public interest no so much in the public interest.* Manchester Journal of International Economic Law, USA, v. 10, n. 1, 2013, p. 64. Disponível em: <https://www.electronicpublications.org/stuff.php?id=419>. Acesso em 25 jun. 2015, tradução nossa).

[20] BARCELÓ III, John J. *A History of GATT Unfair Trade Remedy Law* – Confusion of Purposes, Cornell Law Faculty Publications, paper 517, 1991, p. 314. Disponível em: <http://scholarship.law.cornell.edu/facpub/517>. Acesso em: 20 de jun. 2015.

[21] LOWENFELD, Andreas F. *International economic law.* 2th ed., 2008, p. 300. Disponível em: <https://books.google.com.br/books?id=kz9M4JKgm78C&pg=PR3&hl=pt-BR&source=gbs_selected_pages&cad=2#v=onepage&q=268&f=false>. Acesso em: 14 mai. 2015.

[22] As partes contratantes reconhecem que *dumping*, no qual os produtos de um país são introduzidos no comércio de outro país com valores menores do que o seu normal, deve ser condenado se ele causar ou ameçar de prejuízo material a uma indústria estabelecida no território de uma parte contratante, ou retardar materialmente o estabelecimento de um *dumping* doméstico. (*Ibidem*, p. 268, tradução nossa).

Entretanto, as Partes Contratantes do GATT, desde 1959, haviam estabelecido um grupo de *experts* em medidas *antidumping*, sendo que o trabalho realizado por esse grupo foi levado para discussão na Rodada Kennedy de Negociações Comerciais Internacionais (1963-1967).[23]

Ao final da referida Rodada, criou-se um diploma legal separado do GATT/1947, denominado de Código *Antidumping*, de adesão voluntária, que, embora possuísse identidade jurídica própria, se constituía num instrumento de natureza plurilateral.[24]

Tal Código foi substituído pelo Código *Antidumping* negociado durante a Rodada Tóquio de Negociações Comerciais Internacionais (1973-1979), com apenas alguns ajustes que objetivavam deixá-lo mais operacional.

Contudo, posteriormente, ao final da Rodada Uruguai (1986-1994), foi lavrada a Ata Final das negociações multilaterais mediante o Acordo Constitutivo da OMC, que substituiu o GATT, como organização de fato no aspecto organizacional. Além disso, houve o estabelecimento de outros Acordos Comerciais Multilaterais.

Cabe ressaltar que o GATT/1947 foi anexado à Ata Final da Rodada Uruguai, permanecendo como um dos acordos integrantes da estrutura normativa da OMC (GATT/1994). Porém, no que diz respeito à possibilidade da aplicação de medidas *antidumping*, no âmbito da OMC, um diploma denominado Acordo sobre a Aplicação do Artigo VI do GATT/1994,[25] ou, simplesmente, Acordo *Antidumping*. Tal Acordo (AAD/1995) entrou em vigor em 1995, tornando obrigatória a adesão de todos os Países-Membros da referida Organização.

Este Acordo tentou definir os requisitos que deverão ser observados pelos membros da OMC para a constatação da existência de *dumping*, de um dano decorrente de tal prática e do nexo de causalidade entre eles, capazes de justificar a aplicação de medidas *antidumping*.

Na verdade, a necessidade da aplicação de tais medidas pode justificar-se porque uma empresa, ao exportar seus produtos utilizando práticas comerciais agressivas, que visem a conquistar um determinado segmento do mercado pela venda abaixo do preço com que comercializa internamente seus produtos (*dumping*), é desleal no âmbito do comércio internacional. Dessa forma, estaria pretendendo eliminar os concorrentes (causando-lhes prejuízo) para, posteriormente,

---

[23] LOWENFELD, *op. cit.*, p. 268.

[24] HEES, Felipe; VALLE, Marília Castañon Penha (orgs.). *Dumping, subsídios e salvaguardas*: revisitando aspectos técnicos dos instrumentos de defesa comercial. São Paulo: Singular, 2012, p. 39.

[25] Disponível em: <https://www.wto.org/sapnish/docs_s/legal_s/19-adp.pdf>. Acesso em: 14 mai. 2015.

aumentar preços e atingir lucros decorrentes de uma atividade sem concorrentes (nexo de causalidade).

Assim, as medidas *antidumping* têm como principal objetivo proteger um segmento da indústria nacional sobretaxando a importação de determinado produto, ou seja, muitos produtores nacionais livram--se da incômoda concorrência estrangeira.

Em decorrência de tal protecionismo, os produtores nacionais adquirem mais liberdade para fixar preços e, em determinadas situações, podem aumentá-los de forma exacerbada, causando prejuízo aos consumidores e a outras indústrias nacionais que utilizem o produto *dumpiado* como matéria-prima para fabricar outros produtos. Essas outras indústrias também são conhecidas como usuários industriais.

Nesse panorama, crescem, desde logo, o faturamento e o nível de emprego no segmento industrial protegido pela medida *antidumping*, pois estará livre da importação do produto estrangeiro que com ele concorria. Contudo, os importadores do produto *dumpiado* (usuários industriais) e sua cadeia de distribuição passam a enfrentar as dificuldades decorrentes da indisponibilidade do bem que comercializavam o que, sem dúvida, causa diminuição no faturamento e desemprego nesse outro segmento.[26]

Pois bem, a consideração do interesse público proporciona que, em um processo de *dumping,* se analisem as consequências para o país como um todo, em decorrência da aplicação de medidas *antidumping*, considerando-se, além da situação da indústria nacional beneficiada com a medida, a situação:

a) dos importadores do produto *dumpiado;*

b) dos usuários industriais; e,

c) dos consumidores em geral.

Não obstante, não há previsão, no bojo do AAD/1995, que determine, de forma expressa, que o interesse público deva ser considerado no processo de *antidumping*.

Trata-se de uma discricionariedade presente no sistema multilateral de comércio, adotada por alguns países-membros da OMC, em suas legislações internas de *antidumping,* que instituíram a possibilidade de proceder à análise de razões de interesse público durante ou até depois de tomarem uma decisão sobre a imposição de medidas *antidumping*, tais como Brasil, Canadá e União Europeia.

---

[26] CORDOVIL, Leonor. *Antidumping:* interesse público e protecionismo no comércio internacional. São Paulo: Revista dos Tribunais, 2011, p. 11.

Cabe ressaltar que não existe, no âmbito do comércio internacional, uma definição do que é interesse público e se, efetivamente, por meio desse, existe a possibilidade de defesa dos interesses dos importadores, usuários industriais e consumidores nas medidas *antidumping*, pleiteando a sua não aplicação, suspensão ou redução.

Diante deste contexto, vislumbra-se por meio do presente livro, a possibilidade de compreender a não aplicação, redução ou suspensão de medidas *antidumping* em decorrência de interesse público, como uma possibilidade de ponderar valores e de minimizar as dúvidas sobre a razão de se buscar objetivo tão relevante ao ponto de fundamentar/justificar restrições a um dito direito requerido (a aplicação da medida *antidumping*).

Assim sendo, esse livro foi escrito em dois pilares fundamentais. No primeiro fez-se uma análise do GATT e da OMC. Definiu-se *dumping*, prejuízo, nexo de causalidade e medidas *antidumping*, estabelecendo-se, ainda, a definição possível e os critérios para apuração do interesse público nas relações comerciais em nível mundial, e procedeu-se à análise da legislação interna de *antidumping* dos países-membros da OMC, Brasil, Canadá e UE, que adotaram o interesse público como um quarto requisito para a instituição de medidas *antidumping*.

Demonstra-se, então, por meio do método de abordagem hipotético-dedutivo, que a definição de interesse público no âmbito das relações comerciais internacionais é estabelecida como um conjunto de elementos associados à imposição de custos decorrentes da aplicação das medidas *antidumping* sobre:

a) os importadores do produto *dumpiado*;

b) os usuários industriais (outras indústrias do país importador que se utilizam do produto *dumpiado* para fabricar outros produtos);

c) os consumidores em geral, em comparação com os benefícios trazidos para indústria beneficiada com a aplicação de tais medidas.

No segundo, estabeleceu-se uma relação entre interesse público e comércio internacional, por meio do método de procedimento monográfico ou estudo de casos, com análise de conteúdo das decisões proferidas pelos países que inseriram, em suas legislações internas de *antidumping*, um quarto requisito (interesse público) para instituição de medidas *antidumping* (Brasil, Canadá e União Europeia). Demonstra-se que, em tais casos, foram analisadas questões originárias da situação dos importadores, usuários industriais e consumidores, por meio do interesse público, justamente, para não aplicação, suspensão ou redução das medidas *antidumping*.

2. *Método de procedimento*

Fincato define método como o caminho, conjunto de técnicas, elucubrações e atividades que tendem a levar aquele que dele se utiliza a um determinado fim para, então, estabelecer que "metodologia é, portanto, a parte da ciência que se destina a estudar tais caminhos, suas finalidades e efeitos".[27]

Pois bem, nesse livro examina-se o interesse público como uma forma de possibilitar a defesa dos interesses dos importadores, usuários industriais e consumidores para não aplicação, suspensão ou redução das medidas *antidumping*.

Para tanto, estabelece-se, por meio do método de abordagem hipotético-dedutivo, a definição possível e os critérios para apuração do interesse público nas relações comerciais internacionais.

Constitui-se, a partir daí, uma relação entre interesse público e comércio internacional, por meio do método de procedimento monográfico ou estudo de casos, das decisões proferidas por países que inseriram, em suas legislações internas de *antidumping*, um quarto requisito (interesse público) para instituição de medidas *antidumping* (Brasil, Canadá e União Europeia).

Pela análise de conteúdo de tais decisões, todas retiradas dos *sites* oficiais dos órgãos julgadores das medidas *antidumping* no Brasil (CAMEX), Canadá (CITT) e União Europeia (CE), demonstra-se que foram consideradas questões originárias da situação dos importadores, usuários industriais e consumidores, por meio do interesse público, justamente para não aplicação, suspensão ou redução das medidas *antidumping*.

Com relação aos limites autoimpostos nesse livro, em relação aos estudos de casos, optou-se pelas decisões que, com base no interesse público, não aplicaram, reduziram ou suspenderam as medidas

---

[27] FINCATO, Denise Pires. *A pesquisa jurídica sem mistérios* – do projeto de pesquisa à banca. Porto Alegre: Notadez, 2008, p. 34.

antidumping. Explica-se: a definição de interesse público no âmbito das relações comerciais internacionais é estabelecida como um conjunto de elementos associados à imposição de custos decorrentes da aplicação das medidas *antidumping* sobre:

a) os importadores do produto *dumpiado*;

b) os usuários industriais (outras indústrias do país importador que se utilizam do produto *dumpiado* para fabricar outros produtos);

c) os consumidores em geral, em comparação com os benefícios trazidos para indústria beneficiada com a aplicação de tais medidas.

Assim, se a aplicação das medidas *antidumping* visa a proteger a indústria nacional, deixando de lado o interesse de outros personagens importantes, os importadores, os usuários industriais e os consumidores, não se vislumbra a possibilidade de análise de questões originárias de tais personagens quando tal medida é aplicada.

3. Dumping, antidumping e interesse público

Neste capítulo, faz-se uma análise do GATT e da OMC, define-se *dumping*, prejuízo, nexo de causalidade e medidas *antidumping*, estabelecendo-se, ainda, a definição possível e os critérios para apuração do interesse público nas relações comerciais em nível mundial.

Procede-se à análise da legislação interna de *antidumping* dos países-membros da OMC, Brasil, Canadá e UE, que adotaram o interesse público como um quarto requisito para a instituição de medidas *antidumping*.

3.1. O Acordo Geral sobre Tarifas e Comércio (GATT/1947 e GATT/1994) e a Organização Mundial do Comércio – OMC

A intensificação das trocas comerciais entre Estados constitui-se em um importantíssimo fenômeno das relações internacionais contemporâneas, na medida em que deu origem a padrões de comportamento contraditórios por parte dos Estados e propiciou a criação de uma institucionalidade complexa para governar e estimular o crescimento do comércio internacional.

O Direito é totalmente influenciado pela Economia e, em qualquer lugar em que exista a convivência humana, haverá, também, movimentação econômica a ser regulada por normas. Mas, "se é fato que o direito nasce quase sempre em resposta a fenômenos econômicos e sociais, também é verdade que ele [Direito] tenta regulamentar esses fenômenos, criando para tanto instituições novas".[28]

---

[28] COSTA, Ligia Maura. Os tribunais supranacionais e a aplicação do direito comunitário: aspectos positivos e negativos. In: VENTURA, Deisy (org.). *Direito Comunitário do Mercosul*. Porto Alegre: Livraria do Advogado, 1997, p. 177-187.

Assim, passado o período da Segunda Guerra Mundial, os países aliados, objetivando o fortalecimento da economia mundial, completamente mutilada pelas consequências da luta armada, buscaram o estreitamento de suas relações político-comerciais.

À Organização das Nações Unidas – ONU – coube, então, a implementação da ordem política liberal, sendo que a ordem econômica mundial passava a ser regida pelo Fundo Monetário Internacional – FMI – e o Banco Internacional de Reconstrução e Desenvolvimento – BIRD –, também conhecido como Banco Mundial. Faltava, contudo, reorganizar o sistema comercial internacional.[29]

Para tanto, em 1946, o Conselho Econômico e Social da ONU convocou a Conferência das Nações Unidas sobre Comércio e Emprego. Os países participantes da conferência trataram de iniciar a elaboração de documento – Carta de Havana – que deveria marcar a constituição da Organização Internacional do Comércio – OIC. Porém, enquanto ainda era negociada, sob a expectativa de criação da OIC, o Congresso dos Estados Unidos escolheu não ratificar a Carta de Havana.[30]

Participaram da referida Conferência 23 países, a saber: Austrália, Bélgica, Brasil, Birmânia, Canadá, Ceilão (ex-Sri Lanka), Chile, China, Cuba, Estados Unidos da América, França, Índica, Líbano, Luxemburgo, Noruega, Nova Zelândia, Paquistão, Países Baixos, Rodésia do Sul (antigo Zimbábue), Reino Unido, Síria, a então Tchecoslováquia e África do Sul.[31]

Buscando contornar os desafios que as negociações tratavam de impor, esses países resolveram fazer viger o capítulo IV da Carta de Havana, que tratava da redução e/ou eliminação de barreiras alfandegárias para fomentar as trocas de produtos industrializados, razão pela qual, em 30 de outubro de 1947, foi assinado o Acordo Geral sobre Tarifas e Comércio de 1947 (GATT/1947), que entrou em vigor em 1º de janeiro de 1948.

Contudo, a OIC jamais saiu do papel, pois os Estados Unidos recusaram-se a assinar a Ata Final da Conferência de Havana, e, em decorrência dessa situação, o único instrumento que estava em vigor à época, e que passaria, então, a regular o comércio de bens em nível mundial, era o GATT/1947. Cabe ressaltar que este Acordo não foi

---

[29] COSTA, Ligia Maura. *OMC e direito internacional do desenvolvimento sustentável*. São Paulo: Quartier Latin, 2013, p. 82.

[30] O objetivo era dar continuidade ao processo de liberalização comercial através das regras firmadas no GATT, já que o temido era uma restrição excessiva à soberania dos Estados Unidos na área do comércio internacional.

[31] COSTA, op. cit., 2013, p. 86.

concebido para ser uma Organização, como a OIC, mas, em razão dos acontecimentos históricos, passou a desempenhar um papel fundamental no comércio mundial, contribuindo para a evolução do liberalismo comercial global e gerando, objetivamente, uma redução de tarifas alfandegárias em escala mundial.

Assim, o GATT, como organização de fato, promoveu várias Rodadas de Negociações Comerciais Multilaterais entre os países contratantes:

a) Rodada Genebra (1947);

b) Rodada Annecy (1949);

c) Rodada Torquay (1950-1951);

d) Rodada Genebra (1956);

e) Rodada Dillon (1960-1961);

f) Rodada Kennedy (1962-1967);

g) Rodada Tóquio (1973-1979);

h) Rodada Uruguai (1986-1994).

As negociações da primeira rodada multilateral, ocorrida em Genebra, Suíça, entre os meses de abril e outubro de 1947, tinham dois objetivos principais:

a) estabelecer um Acordo Geral; e

b) promover a troca de concessões tarifárias entre os países signatários do GATT.

No que diz respeito a questões que tangenciam a existência de barreiras não tarifárias, Barceló salienta que durante as conferências formativas do GATT, que ocorreram nos anos de 1946 e 1947, já se debatia sobre necessidade de regras para a aplicação de medidas *antidumping*.[32] Nesse sentido, as negociações foram realizadas com o objetivo de alcançar uma definição para preços discriminatórios e para limitar a aplicação de medidas *antidumping* à margem do próprio *dumping*, condicionando que as importações *dumpiadas* causassem dano material.[33]

Em 1959, por sugestão da Noruega e da Suécia, foi constituído um grupo de especialistas sobre *antidumping* e medidas compensatórias, objetivando codificar os conceitos empregados no artigo VI do GATT/1947 (GATT, L/908, 11 de novembro de 1958, p.1), nos seguintes termos:

---

[32] BARCELÓ III, John J. A History of GATT Unfair Trade Remedy Law – Confusion of Purposes, Cornell Law Faculty Publications, paper 517, 1991, p. 316. Disponível em: <http://scholarship.law.cornell.edu/facpub/517>. Acesso em: 20 de jun. 2015.

[33] *Ibidem*, p. 316.

Exchanging information regarding the technical requerements of existing legislation on anti-dumping and countervailing duties in their respective countries with respect to: (a) the determination of the import price which serves as the basis of price comparison; (b) the determination of the normal value or the domestic market price in the exporting or the producing country: (c) the definition of like product; (d) the use of the injury concept in relation to the term industry; (e) public hearings, governamental notice, and publicity aspects of such cases; (f) applicability of decisions; and (g) provisions for revoking duties once levied.[34] (2009, p. 36/37)

Em decorrência, ao final da Rodada Kennedy de Negociações Comerciais Internacionais (1963-1967), foi criado o primeiro código que tratou sobre *dumping* e que estabeleceu a definição de *dumping*, prejuízo, indústria, além do prazo de duração da medida *antidumping*.

Tal documento foi sucedido pelo Código *Antidumping* negociado durante a Rodada Tóquio de Negociações Comerciais Internacionais (1973-1979), que vigeu durante o período em que os países asiáticos, liderados pelo Japão, exportavam de maneira muito intensa.

Se comparado com o Código anterior, um dos pontos do Código da Rodada Tóquio que mais gerou reflexões foi a eliminação de toda e qualquer referência à expressão "prática restritiva de comércio", relativa às investigações conduzidas pelas autoridades competentes diante da indústria local.

Na verdade, conforme o previsto pelo referido Código *Antidumping* anterior, os oficiais competentes deveriam investigar a presença de "práticas restritivas ao comércio" na indústria local.[35] A preocupação com o novo Código *Antidumping* estava no fato de esse ter deixado para trás procedimento que impossibilitava que a caracterização de "prejuízo" ocorresse naqueles casos em que os oligopólios domésticos mantinham altos, artificialmente, os preços. Assim, no lugar da referida expressão, o que passou a existir foi uma lista de condutas que seriam capazes de indicar a existência de prejuízo.

Contudo, a Rodada de Negociação mais importante provida pelo GATT foi realizada no Uruguai (1986-1994), pois foi a mais abran-

---

[34] A troca de informações sobre os requerimentos técnicos da legislação existente sobre *antidumping* e taxas de compensação em seus respectivos países com respeito a: (a) a determinação do preço de importação que serve de base para comparação de preços; (b) a determinação do valor normal ou o preço de mercado doméstico no país exportador ou produtor; (c) a definição de produto similar; (d) o uso do conceito de prejuízo em relação ao termo indústria; (e) as audiências públicas, aviso governamental, e os aspectos de publicidade de tais casos; (f) aplicabilidade de decisões; e (g) as provisões para a revogação de taxas já cobradas. (ANDERSON, Henrik. *EU Dumping determinations and WTO law*. New York: Kluwer Law International, 2009, p. 36/37, tradução nossa)..

[35] BARCELÓ III, John J. *A History of GATT Unfair Trade Remedy Law* – Confusion of Purposes, Cornell Law Faculty Publications, paper 517, 1991, p. 318. Disponível em: <http://scholarship.law.cornell.edu/facpub/517>. Acesso em: 20 de jun. 2015.

gente rodada de negociações multilaterais celebrada até então, com a participação de mais de cem países e uma redução média de 37% das tarifas de importação, ou seja, em 1º de janeiro de 1995, apenas 5% dos produtos importados tinham tarifas maiores que 15%, inclusive com a incorporação de produtos agrícolas.[36]

No entanto, após mais de cinco décadas de existência, o GATT/1947, que fora originalmente criado como um acordo provisório para atender a uma situação emergencial, "começou a mostrar seus defeitos de origem e, dentre eles, estava o seu sistema de resolução de disputas que, em algumas situações, permitia que as partes interessadas bloqueassem o processo tornando-o inócuo".[37]

A Ata Final da Rodada Uruguai de negociações multilaterais do GATT se constituiu num único instrumento, que foi dividido em três partes distintas:

a) Anexo 1, que englobou os Acordos Multilaterais sobre o Comércio de Bens (GATT), o Acordo Geral sobre Comércio de Serviços (GATS) e o Acordo sobre Aspectos dos Direitos de Propriedade Intelectual relacionados ao Comércio (TRIPS);

b) Anexo 2, que tratou das Regras sobre Solução de Controvérsias entre os Países-Membros;

c) Anexo 3, que trata do Mecanismo de Exame de Políticas de Comércio; e, por último;

d) o que abrange os Acordos Comerciais Plurilaterais, onde, na segunda parte, encontrava-se o Acordo Constitutivo da Organização Mundial do Comércio – OMC – e suas Declarações e Decisões Ministeriais.

Cabe ressaltar que o GATT/1947 também foi anexado à Ata Final da Rodada Uruguai de Negociações Multilaterais, tendo sido agregado ao denominado de Acordo Geral sobre Tarifas e Comércio de 1994 (GATT/1994), nos seguintes termos:

Art. 1º. O Acordo Geral sobre Tarifas e Comércio de 1994 (o GATT de 1994) será constituído:

(a) Pelas disposições do Acordo Geral sobre Tarifas e Comércio, de 30 de outubro de 1947, anexado à Ata Final adotada quando da conclusão da Segunda Sessão do Comitê Preparatório da Conferência das Nações Unidas sobre Comércio e Emprego (com exclusão do Protocolo de Aplicação Provisória), tal como retificado ou alterado

---

[36] COSTA, Ligia Maura. Os tribunais supranacionais e a aplicação do direito comunitário: aspectos positivos e negativos. In: VENTURA, Deisy (org.). *Direito Comunitário do Mercosul*. Porto Alegre: Livraria do Advogado, 1997, p. 177-187.

[37] *Ibidem.*

pelas disposições dos instrumentos jurídicos que entraram em vigor antes da data de entrada em vigor do Acordo OMC;

(b) Pelas disposições dos instrumentos jurídicos a seguir indicados que entraram em vigor por força do GATT 1947 antes da data da entrada em vigor do Acordo OMC:

Assim, em 1º de janeiro de 1995, passou a viger o ato constitutivo da Organização Mundial do Comércio – OMC –, que, conforme restou demonstrado, derivou do GATT, sendo que essa "nova organização carrega em seu bojo a experiência do GATT aliada ao espírito universalista do desenvolvimento econômico da Carta de Havana".[38]

A OMC substituiu, no aspecto organizacional, o GATT, conferindo-lhe diferenciados instrumentos operacionais, passando a deter um número significativamente maior de países-membros e possuindo normas de maior alcance, na medida em que está autorizada a analisar questões relacionadas a serviços, propriedade intelectual, medidas de investimentos relacionados ao TRIMs.

Com sede em Genebra, Suíça, a OMC é uma organização composta por 161 membros, os chamados Países-Membros, e 24 governos observadores,[39] mantendo suas portas abertas a todos os países, desde que respeitadas as condições do processo de acessão.

De acordo com a opinião do Professor Rainelli:

Le Cybele de l'Uruguay s'est conclu par l'accord da Marrakech, un texte d'une grande complexité qui présente toutes les dispositions négociées entre les participante (l'accord, publié en France au Journal officel, lois et décrets, annexe au n. 275 du 26 novembre 1995, comporte 184 pages) et qui crée l'OMC. L'OMC, dont le siège est à Genéve, contitue à partir du 1 er janvier 1995, une nouvelle organisation internationale que repose sur Le GATT de 1947 et sur les accords su cycle de l'Uruguay, soit 28 accords en tout. Em 2011, elle comporte 153 membres (152 nations et l'Union européenne), alors que 31 autres ont Le statut d'observateur, qui implique l'engagement de négociations en vue de leur accession dans les cinq ans suivant l'obtention de ce statut, à l'exception du Saint-Siège (Le Vatican). La Russie, qui a le statut d'observateur, est le dernier grand pays à ne appartenir à l'OMC; elle a mené das négociations depuis 1993, avant même la création de l'OMC, et la conclusion, sans cesse annoncée et repoussée, est annoncée pour 2011. La nature particulière de l'OMC rend nécessaire d'examiner, à côté de la structure de l'organisation, le mécanisme de règlement des différends et enfin l'instance dans laquelle les membres prennent les décisions importantes, la conférence ministérielle.[40] (2012, p. 59)

---

[38] DEITOS, Marc Antoni. *Processo decisório em política externa no Brasil* – a participação do empresário nacional. Porto Alegre: Ed. UniRitter, 2012, p. 114.

[39] Disponível em: <https://www.wto.org/spanisch/thewto_s/whatis_s/tif_s/org6_s.htm>. Acesso em: 14 mai. 2015.

[40] A Rodada Uruguai terminou com o acordo da Marrakesh, um texto de grande complexidade que apresenta todas as disposições negociadas entre os participantes (Acordo, publicado na França no Diário Oficial, leis e decretos, anexo n. 275, de 26 de Novembro de 1995, tem 184 páginas) e cria a OMC. A OMC, com sede em Genebra, constituiu, a partir de 1º de janeiro de 1995, uma

Cabe ressaltar que o sistema da OMC contém normas de comportamento e de organização, ou seja, normas que conduzem juridicamente à convergência dos Estados-Membros para a promoção de propósitos comuns, circunscrevendo a competência discricionária das soberanias nacionais, tendo por principal objetivo a promoção dos interesses comuns por meio da expansão da produção e do comércio de bens e serviços.[41]

Como bem observado por d'Ornellas e Vieira:

> No que tange ao aspecto econômico da mundialização, a OMC é um dos atores em franca ascendência no campo da política internacional para todos os demais atores, sejam Estados, organizações internacionais ou sociedade civil. Tal relevância ocorre em vista à força regulamentar internacional alcançada, à importância do seu sistema de solução de controvérsias e ao impacto pragmático que representa sobre a economia das nações sob a expectativa de inserção na economia global.[42]

Dentre os acordos adotados no âmbito da OMC está o Acordo sobre Implementação do art. VI do GATT/1994, também conhecido como Acordo *Antidumping* – AAD/1995 –, que harmoniza e unifica aspectos relacionados à prática de *dumping* no sistema multilateral de comércio.

Em suas disposições, o AAD/1995 estabelece que nenhum membro poderá adotar uma medida específica contra o *dumping*, inclusive medida *antidumping*, se ela não "estiver em conformidade com as disposições constantes do GATT de 1994, tal como interpretado pelo presente Acordo".[43] (art. 18.1)

O referido AAD/1995 define *dumping* (art. 2.1) e autoriza expressamente a instituição de medidas *antidumping* (art. 9.1) – definições

---

nova organização internacional, que é baseada no GATT de 1947 e nos acordos da Rodada Uruguai, são 28 acordos no total. Em 2011, ela possuía 153 membros (152 países e da União Europeia), enquanto 31 outros têm o estatuto de observador, o que implica o início de negociações para a sua adesão em cinco anos após a obtenção deste estado, com exceção da Santa Sé (Vaticano). Rússia, que tem o estatuto de observador, é o último grande país a pertencer à OMC; ela participou das negociações desde 1993, antes mesmo da criação da OMC, e a sua inclusão, não obstante ter sido anunciada e adiada, foi confirmada para 2011. A natureza particular da OMC faz com que seja necessário examinar, ao lado da estrutura o mecanismo de organização, resolução de litígios, e, finalmente, a instância em que os membros tomam decisões importantes, a Conferência Ministerial. (RAINELLI, Michel. *L'Organisation mondiale du commerce*. Paris: La Découvrete, 2012, p. 59, tradução nossa).

[41] HEES, Felipe. VALLE, Marília Castañon Penha (org.). *Dumping, subsídios e salvaguardas:* revisitando aspectos técnicos dos instrumentos de defesa comercial. São Paulo: Singular, 2012, p. 57.

[42] D'ORNELLAS, Maria Cristina Gomes da Silva. VIEIRA, Gustavo Oliveira. *Direitos Humanos e Comércio Internacional:* A necessidade da construção de pontes por meio da segurança alimentar e os novos desafios da OMC. NOMOS – Revista do Programa de Pós-Graduação em Direito da Universidade Federal do Ceará, v. 32, n. 2, jul./dez. 2012, p. 181. Disponível em: <http://periodicos.ufc.br/index.php/nomos/article/view/357/339>. Acesso em: 25 mai. 2015.

[43] Disponível em: <https://www.wto.org/spanish/docs_s_legal_s19.adp.pdf>. Acesso em: 17 mai. 2015.

que serão analisadas a seguir –, determina o nível de *dumping*, trata da condição da investigação *antidumping* e dispõe sobre a implementação e a duração de medidas *antidumping*, ou seja, implementa o art. VI do GATT/1994.

Determina que as questões referentes ao prejuízo e ao nexo de causalidade, conforme foram tratadas no art. 3.1, do AAD/1995, compreendem um exame objetivo tanto do volume de importações a preço de *dumping* e do seu efeito sobre os preços dos produtos similares no mercado interno, como do consequente impacto dessas importações sobre os produtores nacionais de tais produtos.

A definição de indústria nacional está expressa no art. 4º do AAD/1995, abrangendo todos os produtores nacionais de produtos similares ou aqueles cuja produção conjunta constitua uma parte importante da produção total nacional, dos produtos a serem *dumpiados*.

Além das regras materiais para a determinação do *dumping*, do prejuízo e do nexo de causalidade, o AAD/1995 estabelece, de forma detalhada, as regras processuais para o início e a condução de um processo de investigação sobre *dumping*.[44]

Nesse sentido, institui que um inquérito para determinar a existência, o grau e o efeito de qualquer alegada prática de *dumping* só terá procedibilidade se o pedido para tal for realizado por, no mínimo, 25% dos produtores nacionais do produto similar àquele que se busca *dumpiar* e tiverem provas suficientes de *dumping*, prejuízo e nexo de causalidade (arts. 5.1, 5.2 e 5.6, do AAD/1995).

No entanto, a investigação deverá ser encerrada quando ficar comprovado que a margem de *dumping* é mínima (inferior a 2%, expressa em percentagem do preço de exportação), ou que o volume das importações é insignificante (menos de 3% das importações do produto similar no Membro Importador), exceto se tais importadores, conjuntamente, representarem mais de 7% das referidas importações (art. 5.8 do AAD/1995).

Todas as partes terão oportunidade de fazer suas arguições na investigação, sendo que aos exportadores e aos produtores estrangeiros serão enviados questionários.

Para fins do AAD/1995, são consideradas partes interessadas:

a) exportadores, produtores, importadores ou associação comercial ou de negócio que os represente;

---

[44] Disponível em:<https://www.wto.org/spanish/tratop_s/adp_s/adp_info_s.htm>. Acesso em: 17 mai. 2015.

b) o governo do país exportador;

c) produtores do produto similar, no membro importador, ou associações de comércio ou negócio que os represente;

d) outras partes não indicadas anteriormente (art. 6° do AAD/ 1995).

As medidas *antidumping* provisórias serão aplicadas durante o menor lapso temporal possível, não podendo ser fixadas antes de sessenta dias do início da investigação, nem exceder ao período de quatro meses (art. 7° do AAD/1995).

Tais medidas, na sua modalidade definitiva, devem permanecer em vigor enquanto e na medida em que necessárias para neutralizar o *dumping* que cause o prejuízo (art. 11.1 do AAD/1995), e poderão ser revisadas a qualquer momento (art. 11.2 do AAD/1995).

Contudo, as medidas *antidumping* definitivas não poderão ser estabelecidas num prazo superior a cinco anos, a partir da data de sua instituição ou da revisão mais recente (art. 11.3 do AAD/1995).

Por meio das disposições constantes do art. 16, o AAD/1995 instituiu um Comitê de Práticas *Antidumping*, que se reúne no mínimo duas vezes por ano e que proporciona aos membros a oportunidade de realizar consultas sobre qualquer matéria relacionada com o funcionamento do Acordo ou a realização de seus objetivos, *verbis*:

Parte II

Artigo 16

Comitê de Práticas *Antidupimg*

16.1. Ao abrigo deste Acordo, é instituído um Comitê de Práticas *Antidumping* estabelecidas (Referido no presente acordo como comitê) composto por representantes de cada um dos Membros. O Comitê elegerá seu Presidente e se reunirá pelo menos duas vezes por ano, ou sempre que solicitado por um membro, conforme especificado nas disposições pertinentes do presente Acordo. O Comitê desempenhará as funções que lhe sejam atribuídas no âmbito do presente Acordo ou pelos Membros e oferecerá aos Membros a oportunidade de efetuar consultas sobre qualquer matéria relacionada com o funcionamento do Acordo ou à prossecução dos seus objetivos. As funções de secretariado do Comitê são asseguradas pelo Secretário da OMC.[45]

Cada membro deve, ainda, informar ao Comitê sobre qualquer alteração que seja levada a efeito no âmbito das suas legislações internas de *antidumping* (art. 18.4 do AAD/1995).

---

[45] Disponível em: <https://www.wto.org/spanish/docs_s_legal_s19.adp.pdf>. Acesso em: 17 mai. 2015.

O referido Comitê estabeleceu, também, com fulcro nas disposições constantes do art. 16.2 e 16.3 do AAD/1995, um órgão auxiliar, separado, denominado de Grupo *Ad Hoc*, que trata das questões referentes à implementação do Acordo e que está aberto a todos os membros, devendo analisar questões técnicas relacionadas à aplicação de medidas *antidumping*.[46]

Cada membro deverá comunicar ao Comitê, o mais breve possível, todas as medidas *antidumping* (provisórias ou definitivas) que adotar em seu território, medidas que deverão constar, também, no bojo de um relatório semestral (art. 16.4 e 16.5 do AAD/1995).

Por fim, se algum membro considerar que a medida *antidumping* aplicada contra si por outro membro tenha respeitado ou negado vigência ao AAD/1995, poderá utilizar-se do mecanismo de Consultas ou, até mesmo, lançar mão do procedimento de Resolução de Litígios no âmbito da OMC (art. 17 do AAD/1995). Assim, só poderá haver a aplicação de uma medida *antidumping* se restar comprovado que ocorreu *dumping*, prejuízo daí decorrente e nexo de causalidade.

Não obstante, não existe, no AAD/1995, previsão expressa quanto à obrigatoriedade da consideração e análise do interesse público para instituição de medidas *antidumping*. Tal situação, inclusive, já foi analisada, há tempos, por Aggarwal, ao asseverar:

> One issue that was not fully resolved in the Uruguay Round was that of the public interest in antidumping actions. At present, the consideration of producer interests dominates the rationale for antidumping laws and there is nothing to indicate that there is an interface between import-competing interests and the interests of wider society. Many believe that the Doha Round provides an opportunity to make a significant progress in strengthening the law by including a genuine public interest clause. A number of negotiating proposals on anti-dumping submitted to the WTO have covered the 'public interest' issue and have advocated the inclusion of a public interest test in this Agreement. However none has suggested the modalities to do so. Against this background, this paper addresses the question: Should this clause be introduced in the Anti-dumping (AD) Agreement, and if yes, in what form?[47] (2004, p. 1)

---

[46] Disponível em: <https://www.wto.org/spanish/tratop_s/adp_s/adp_info_s.htm>. Acesso em: 17 mai. 2015.

[47] Um problema que não foi totalmente resolvido na Rodada Uruguai foi a do interesse público em ações *antidumping*. Atualmente, a consideração dos interesses de produtores domina a justificativa para leis *antidumping* e não há nada que indique que há uma interface entre os interesses de uma importação competitiva e os interesses da sociedade em geral. Muitos acreditam que a Rodada de Doha oferece uma oportunidade para fazer um progresso significativo no reforço da lei, incluindo uma cláusula genuína de interesse público. Um certo número de propostas de negociação *Antidumping* apresentada à OMC tem coberto a questão "interesse público" e tem defendido a inclusão de uma teste de interesse público no presente Acordo. No entanto, nenhuma proposta sugeriu as modalidades para fazê-lo. Neste contexto, o presente trabalho aborda a pergunta: Deveria esta cláusula ser introduzida no Acordo de *Antidumping*? E se sim, de que forma?" (AGGARWAL, Arahdna. *The WTO anti-dumping agreement:* possible reform through the inclu-

O AAD/1995, dentre outras determinações, prevê em seu art. 6.2 que "ao longo da investigação de *antidumping* todas as partes interessadas devem ter a oportunidade de defender seus interesses",[48] inclusive os consumidores e os usuários industriais.

Assevera, ainda, no art. 6.12, que as autoridades darão "aos usuários industriais do produto sob investigação, e organizações representativas dos consumidores [...] a oportunidade de fornecer qualquer informação que seja relevante para a investigação sobre o *dumping*, o prejuízo e o nexo de causalidade".[49]

Não há, tampouco, no AAD/1995, qualquer proibição no sentido de que os membros que desejarem façam, em suas legislações internas de *antidumping*, previsão expressa em relação à necessidade da consideração e análise do interesse público.

Entende-se que foi com base nos referidos artigos do AAD/1995, que Brasil, Canadá e UE, como países-membros da OMC, estabeleceram, em suas legislações internas de *antidumping*, a possibilidade de proceder-se à análise de razões de interesse público.

3.2. *Dumping*, prejuízo, nexo de causalidade: as medidas *antidumping* no âmbito do acordo *antidumping* da OMC

Entre as práticas desleais existentes no comércio internacional, destaca-se aquela que se caracteriza pela introdução de um bem no mercado internacional com preço de exportação inferior ao valor normal praticado no mercado interno do país exportador: a prática conhecida por *dumping*.[50] Cabe ressaltar que os dicionários da língua inglesa trazem o significado do verbo *dump* como descartar (lixo), vender ou importar, a preço baixo, mercadorias supérfluas ou invendáveis.[51]

---

sion of a public interest clause. Indian Council for Research on International Economic Relations (ICRIER): Working Paper n. 142, set. 2004, p.1, tradução nossa). Disponível em: <http://www.icrier.org/pdf/wp142.pdf>. Acesso em: 17 mai. 2015.

[48] Disponível em: <https://www.wto.org/sapnish/docs_s/legal_s/19-adp.pdf>. Acesso em: 14 mai. 2015.

[49] *Ibidem.*

[50] CASELA, Paulo Borba; MERCADANTE, Aramita de Azevedo (coords.). *Guerra comercial ou integração mundial pelo comércio?* A OMC e o Brasil. São Paulo: LTr, 1998, p. 229 e 854.

[51] HEES, Felipe; VALLE, Marília Castañon Penha (orgs.). *Dumping, subsídios e salvaguardas:* revisitando aspectos técnicos dos instrumentos de defesa comercial. São Paulo: Singular, 2012, p. 25.

Hoje, no âmbito do comércio internacional, a prática de *dumping* é compreendida como a venda de produtos ao exterior a preços abaixo do valor normal praticado no mercado interno dos países, com sérios prejuízos à indústria doméstica do país importador.[52]

Conforme da opinião do Professor Vincent:

> Le dumping est une pratique commerciale consistant à vendre une marchandise sur le territorie d'un pays tiers – à um prix inférieur à (as) valeur normale – (art. VI du GATT). La différence entre la valeur normale et le prix effectivement pratiqué est qualifiée de – Marge de dumping – . Il est condamné lorsqu – Il cause ou menace de causer um dommage important a une production établie sur le territoire d'um membre, ou s'il retarde sensiblement la création d'un production nationale – art. VI, § 1º). C'est un comportement d'entreprises.[53] (2013, p. 155)

Assim, o art. 2º do AAD/1995 estabelece e define os parâmetros para determinar a existência e a extensão do *dumping*, sendo que o art. 2.1 traz a seguinte definição:

> Art. 2.1. Para efeitos do presente Acordo será considerada a ocorrência de *dumping* quando, por exemplo, um produto é exportado de um país para outro, sendo introduzido no comércio daquele país a um montante inferior do que o seu preço normal, preço esse comparável, no curso de operações comercias, a um produto similar destinado ao consumo no país exportador.[54]

Entretanto, o art. 2º do AAD/1995 não referiu a existência de diferentes tipos de *dumping* ou os efeitos que esses podem gerar, tanto no país importador quanto no exportador, o que possibilita:

a) que a aplicação das medidas *antidumping* seja requerida por razões unicamente protecionistas;

b) que os membros da OMC, em suas legislações internas de *antidumping*, façam previsões excessivamente complexas e imprecisas, tendo em vista que muitas situações da prática de *dumping* são baseadas em suposições.

Nesse sentido, relacionam-se, a seguir, os diversos tipos de *dumping* existentes e que podem, também, assumir traços característicos diversos:

---

[52] HEES, Felipe; VALLE, Marília Castañon Penha (orgs.). *Dumping, subsídios e salvaguardas:* revisitando aspectos técnicos dos instrumentos de defesa comercial. São Paulo: Singular, 2012, p. 201.

[53] *Dumping* é uma prática comercial de vender mercadorias no território de um país terceiro – a um preço abaixo do valor normal – (Artigo VI do GATT). A diferença entre o valor normal e o preço realmente cobrado é qualificado – margem de *dumping* -. Ele será condenado quando – causar ou ameaçar causar um prejuízo importante a um membro estabelecido no território, ou atrasar sensivelmente a criação de uma produção nacional – art. VI, § 1º). É uma conduta empresarial. (VINCENT, Philippe. *Institutions Économiques Internationales* – Éléments de droit international économique. Bruxelas, Bélgica: Larcier, 2013, p. 155, tradução nossa).

[54] Disponível em: <https://www.wto.org/spanish/dosc_s/legal_s/19-adp.pdf>. Acesso em: 17 mai. 2015.

Quadro 1 – Tipos de *dumping*

Tipos de *dumping*	Objetivos da empresa exportadora
Esporádico	Sem intenção deliberada de praticar *dumping*
Discriminação de preço	Maximização de lucro
Cíclico	Cobrir ao menos os custos variáveis ou assegurar níveis de emprego em períodos de baixa demanda
Defensivo	Minimizar perdas advindas do excesso de capacidade produtiva para coibir ou desestimular a entrada de concorrentes
Em escala	Atingir uma economia de escala ou de capacidade total
Marketing	Estabelecer uma empresa como líder de mercado em relação a um produto novo recém lançado
Frontal	Atacar um líder de mercado em um mercado de exportação
Predatório	Estabelecer um monopólio em um mercado estrangeiro

Fonte: BARROS, 2004.

Uma empresa que opera em dois mercados distintos e que tenha algum controle de preços em ambos pode achar vantajoso provocar distorção na formação de seus preços para diminuí-los no mercado estrangeiro e, assim, maximizar seus ganhos. Assim, o *tipo de dumping discriminação de preços* ocorrerá sempre que a demanda por um produto no mercado estrangeiro for mais elástica que no mercado nacional.[55]

De outra ponta, o *tipo de dumping cíclico* ocorre quando:

a) uma empresa opta por vender seus produtos a preço abaixo de seu preço de custo, percebendo prejuízo num curto prazo objetivando ganho a longo prazo, representado pelo aumento de consumidores nesse mercado; ou,

b) uma empresa opta por diminuir seus preços de forma que estes cubram apenas a média dos custos variáveis.[56] Cabe ressaltar que o *dumping* cíclico é perfeitamente aceitável na hipótese da empresa ter expectativa de melhora futura.[57]

No caso do *tipo de dumping defensivo*, o objetivo da empresa é deter a entrada de concorrentes nacionais no mercado estrangeiro por meio da diminuição de preços do seu produto.[58]

---

[55] HEES, Felipe. VALLE, Marília Castañon Penha (orgs.). *Dumping, subsídios e salvaguardas:* revisitando aspectos técnicos dos instrumentos de defesa comercial. São Paulo: Singular, 2012, p. 25.

[56] BARROS, Maria Carolina Mendonça de. *Antidumping e protecionismo.* São Paulo: Aduaneiras, 2004, p. 33.

[57] *Ibidem*, p. 33.

[58] BASTOS, Eduardo Lessa. *Estudo analítico do dumping na esfera internacional.* Curitiba: Juruá, 2012, p. 75.

O *tipo de dumping em escala* pode ser a saída encontrada pelo exportador para atingir uma produção em escala. Nesse caso, a empresa opta por vender seus produtos em longo prazo por um preço abaixo de seu preço de custo até o momento em que atinge a produção em escala. Dessa forma, o *dumping* faz parte de uma estratégia de produção.[59]

O *tipo de dumping frontal* foi muito utilizado pelos japoneses exportadores de semicondutores e produtos eletrônicos para os EUA e UE na década de 80. O objetivo desse tipo de *dumping* é atacar o líder de vendas no mercado estrangeiro e, para tanto, o exportador opta por exportar seus produtos a preço que cobre nem mesmo seu custo marginal (isto é, o custo na produção de uma unidade extra de produto) e, assim, ao invés de maximizar os lucros, opta por maximizar as vendas e sobrepor-se ao líder de mercado.[60]

Por fim, o *tipo de dumping predatório* se caracteriza na prática de atos comerciais de empresas estrangeiras, algumas vezes através de cartéis, buscando dominar o mercado, baixando seus preços a ponto de varrer do mercado seus demais concorrentes e, desta forma, estabelecer monopólio.[61]

Contudo, a legislação de regência da matéria (AAD/1995) não acompanhou toda essa evolução da doutrina no que concerne aos tipos de *dumping*. Assim sendo, estando presentes o *dumping* (qualquer), prejuízo à indústria nacional e nexo de causalidade, poderá ser aplicada uma medida *antidumping*.

É ver-se que em quaisquer tipos de *dumping* pode estar presente, também, a proteção da indústria interna do país exportador. Esta preocupação se intensifica nas situações em que o setor envolvido no *dumping* exige altos investimentos em pesquisa e desenvolvimento, ou quando produzem em uma economia de grande escala, visto que os produtores internos poderiam ser excluídos do mercado por não contarem com a capacidade de gerar as mesmas economias de escala por meio da venda em vários mercados.

Porém, se por um lado é possível imaginar que a aplicação de medida *antidumping* pode dissuadir o *tipo de dumping estratégico* e, por conseguinte, impedir o exercício do poder de monopólio, há também a necessidade de se observar o outro lado da questão. Se a aplicação da medida *antidumping* não altera o cenário no mercado doméstico do

---

[59] BASTOS, Eduardo Lessa. *Estudo analítico do dumping na esfera internacional.* Curitiba: Juruá, 2012, p. 77.

[60] BARROS, *op. cit.*, p. 33.

[61] HEES; VALLE, *op. cit.*, p. 25.

exportador – ou seja, este permanece protegido – esta simplesmente auxilia a indústria doméstica do país importador em detrimento dos consumidores do mercado de importação.[62] Esta não teria, então, o condão de contribuir com a completa reorganização do setor no mercado internacional, logo, as práticas protecionistas permaneceriam.

Outro ponto que não deve ser desconsiderado, a partir do previsto no ADD/1995, é o fato de que nem sempre é fácil determinar o que é um "preço normal" para fins de investigações *antidumping*. Há procedimentos regulatórios internos que, algumas vezes, determinam a observância do preço cobrado pelo produto no mercado interno do exportador, mas que também podem estabelecer critérios para que o preço considerado seja o de outros mercados.

Bolton, por exemplo, refere que:

> However, in many cases there is no easy way to determine what a normal price is for the purposes of anti-dumping investigations. For example, in the U.S., the Department of Commerce (D.O.C.) first looks to the price charged for the product in the exporter's domestic market. If the product is not sold there, or the sales of the product in the home market is less than 5% of the volume sold in the United States, then the D.O.C. looks to other third-party markets. If there are no comparable markets, then the D.O.C. constructs its own estimate of what the product's price should be by making assumptions about what the costs would be to sell the product in the home country. This sequence of events raises questions about the validity of any assessment that rests on such assumptions.[63] (2011, p. 72)

Porém, na medida em que aumenta a complexidade dos critérios estabelecidos pelos países na definição de situações que permitem a aplicação de medidas *antidumping*, também se intensifica a chance de estas não encontrarem razões que as justifiquem, tanto sob a ótica do contínuo processo previsto para a liberalização comercial internacional, quanto sob a perspectiva daqueles que, no mercado importador,

---

[62] REID, M. Bolton. *Anti-Dumping and Distrust:* Reducing Anti-Dumping Duties under the W.T.O. through Heightened Scrutiny. Berkley Journal of International Law, vol. 29, issue 1, 2011, p. 72. Disponível em: <http://scholarship.law.berkeley.edu/bjil/vol29/iss1/2>. Acesso em: 26 jun. 2015.

[63] No entanto, em muitos casos, não há uma maneira fácil de determinar o que é um preço normal para fins de investigações de *antidumping*. Por exemplo, nos EUA, o Departamento de Comércio (DOC), primeiro olha para o preço cobrado pelo produto no mercado interno do exportador. Se o produto não é vendido lá, ou se as svendas do produto no mercado doméstico é inferior a 5% do volume vendido nos Estados Unidos, o DOC olha para mercados de terceiros. Se não houver mercados comparáveis, então, o DOC constrói sua própria estimativa de qual deveria ser o preço do produto fazendo suposições sobre quais seriam os custos de vender o produto no país de origem. Essa sequência de eventos levanta questões sobre a validade de qualquer avaliação que se baseia em tais pressupostos. (REID, M. Bolton. *Anti-Dumping and Distrust:* Reducing Anti-Dumping Duties under the W.T.O. through Heightened Scrutiny. Berkley Journal of International Law, vol. 29, issue 1, 2011, p. 72. Disponível em: <http://scholarship.law.berkeley.edu/bjil/vol29/iss1/2>. Acesso em: 26 jun. 2015, tradução nossa).

efetivamente, por razões que poderiam transcender as econômicas para atingirem questões originárias à situação dos importadores, usuários industriais e consumidores, por exemplo, mereceriam ter a preservação dos seus interesses contemplados.

Não se pode esquecer, contudo, principalmente para estabelecer-se uma definição de medidas *antidumping*, que o artigo 3º do AAD/1995 faz previsões em relação à determinação da lesão, para fins de apuração do *dumping* investigável e punível. Segundo assevera o artigo:

> Art. 3.1. A determinação do prejuízo para efeitos do artigo VI do GATT de 1994, deverá ser baseada em provas positivas e compreenderá um exame objetivo: a) do volume de importações a preço de *dumping* e do seu efeito sobre os preços dos produtos similares no mercado interno; e, b) consequentemente o impacto dessas importações sobre os produtores nacionais de tais produtos.[64]

A prática de *dumping*, então, é passível de ser investigada e, se for o caso, sofrer a aplicação de uma medida *antidumping*, pois trata-se de exportação e comercialização de produtos por valor abaixo do preço praticado internamente (*dumping*/existência), pretendendo-se eliminar concorrentes (prejuízo/grau) para, depois, atingirem lucros decorrentes de uma atividade sem concorrentes (nexo de causalidade).

Contudo, não há como desconsiderar que, além dos desafios que existem para se estabelecer uma definição sobre a prática do *dumping*, há aqueles que tangenciam no sentido de que a comprovação de tal prática estaria condicionada à causa ou ameaça de causar prejuízo material à indústria estabelecida no território de uma Parte Contratante, ou retardamento do estabelecimento de uma indústria nacional.

Naturalmente, a intenção que deveria estar inclusa em tal dispositivo seria a de buscar conter medidas *antidumping* desnecessárias. A falta de previsão no art. VI do GATT e no AAD/1995 sobre a definição de "prejuízo" possibilita a imposição de medidas *antidumping* desnecessárias ou, ao menos, questionáveis. Bolton lembra que o termo foi revisto pelo mecanismo de solução de controvérsias da OMC. Nesse sentido, o autor refere à decisão do Órgão de Apelação do MSC que estabeleceu no painel *United States-Anti-Dumping Measures on Certain Hot-Rolled Steel Products from Japan* que a determinação de prejuízo somente deve ocorrer se baseada em "um exame objetivo" e em "provas positivas" e verificáveis:

---

[64] Disponível em: <https://www.wto.org/spanish/dosc_s/legal_s/19-adp.pdf>. Acesso em: 17 mai. 2015.

However, the failure of Article VI or the A.D.A. to provide a definition of what constitutes material injury limits the usefulness of that provision as a shield. While the Appellate Body has held that injury determinations can only be based on "an 'objective examination' of 'positive evidence'".[65] (2011, p. 75)

Entretanto, o autor também destaca que esta decisão permaneceu referindo termos abrangentes e que, por sua vez, garantem às autoridades investigatórias uma grande margem de interpretações no desenvolvimento das investigações que decidem conduzir.

De acordo com o art. 5º do AAD/1995:

Artigo 5

Iniciação e Investigação subsequente.

Art. 5.1. Salvo o disposto no n. 6, um inquérito para determinar a existência, o grau e o efeito de qualquer alegada prática de *dumping* é iniciado mediante pedido escrito feito pela indústria nacional ou em seu nome:

Art. 5.2. Com o pedido referido no n. 1, a prova deve incluir a existência de: a) *dumping*; b) prejuízo conforme previsto no artigo VI do GATT de 1994, tal como interpretado pelo presente Acordo; c) relação causal entre as importações e o dano alegado.[66]

Dessa forma, o texto legal refere ser necessário demonstrar a existência de um nexo de causalidade entre as importações objeto de *dumping* e o prejuízo para a indústria doméstica, baseada no exame de todas as provas relevantes, tais como:

a) o volume e os preços das importações não vendidas a preço de *dumping*;

b) a diminuição da demanda do produto ou mudanças nos padrões de consumo;

c) a existência de práticas comerciais restritivas praticadas por produtores estrangeiros e nacionais e a concorrência estabelecida entre ambos;

d) a evolução da tecnologia, os resultados do desempenho das exportações e a produtividade da indústria nacional (arts. 3.1 e 3.5 do AAD/1995).

Assim, sempre que um membro detiver provas suficientes de *dumping*, prejuízo e nexo de causalidade, poderá solicitar o início de

---

[65] No entanto, o fracasso do artigo VI ou do AAD, em fornecer uma definição sobre o que constitui prejuízo material limita a utilidade desta provisão como um escudo. Enquanto o Órgão de Apelação sustenta que a determinação do prejuízo só pode basear-se em um "exame objetivo" de "provas positivas". (REID, M. Bolton. *Anti-Dumping and Distrust:* Reducing *Antidumping* Duties under the W.T.O. through Heightened Scrutiny. Berkley Journal of International Law, vol. 29, issue 1, 2011, p. 75, tradução nossa). Disponível em: <http://scholarship.law.berkeley.edu/bjil/vol29/iss1/2>. Acesso em: 26 jun. 2015.

[66] Disponível em: <https://www.wto.org/spanish/dosc_s/legal_s/19-adp.pdf>. Acesso em: 17 mai. 2015.

uma investigação, com base na legislação interna de seu país, sendo que o AAD/1995 autoriza os governos a protegerem seus países dessas práticas desleais de comércio internacional por meio da instituição de medida *antidumping*.

Cabe ressaltar que medida *antidumping* pode ser definida como uma imposição paratarifária de direito econômico internacional, incidente sobre o preço do produto importado capaz de produzir efeitos danosos na economia dos países importadores.[67]

O AAD/1995, por meio das disposições constantes a partir de seu art. 9º, normatiza a criação e a cobrança das medidas *antidumping*, nos seguintes termos:

9.1. A decisão de instituir ou não um direito *antidumping*, em casos onde foram atendidos todos os requisitos para sua criação, e a decisão se o montante dos direitos *antidumping* será igual ou menor do que a margem total do nível de *dumping* deverá ser tomada pelas autoridades do Membro importador. É desejável que a instituição seja facultativa no território de todos os Estados-Membros, e que o direito *antidumping* seja inferior à margem de *dumping* quando for suficiente para eliminar o dano à indústria doméstica.[68]

As medidas *antidumping* serão aplicadas na forma de alíquotas *ad valorem* ou específicas, fixas ou variáveis, ou pela conjugação de ambas.[69]

Tais medidas têm por finalidade impedir que práticas empresariais condenáveis, decorrentes da concorrência internacional, produzam efeitos que prejudiquem os interesses das indústrias, dos países importadores, dos seus empregados, dos consumidores de produtos daquelas empresas, e de toda comunidade cujas atividades encontram-se vinculadas à vida das indústrias.

Assim, para configuração do *dumping* condenável, inclusive com a aplicação de medida *antidumping*, além da exportação de produtos com preços abaixo do valor de mercado de comercialização do país exportador, terá de haver um prejuízo comprovado para indústria do país importador, bem com um nexo de causalidade entre o prejuízo e a exportação.

Contudo, mesmo protegendo a indústria doméstica, as medidas *antidumping* podem, em algumas situações, afetar negativamente os interesses dos consumidores, dos importadores ou de outras indús-

---

[67] BAUMANN, Renato (org.). *O Brasil e a economia global*. Rio de Janeiro: Campus, 1996, p. 30-40.

[68] Disponível em: <https://www.wto.org/spanish/dosc_s/legal_s/19-adp.pdf>. Acesso em 17 mai. 2015.

[69] FERNANDEZ, Leandro. Dumping social e o comércio internacional. *Revista Síntese de Direito Empresarial*, São Paulo, ano 5, n. 27, Jul./Ago. 2012, p. 71.

trias domésticas, também chamadas de usuários industriais, que utilizam o produto *dumpiado* como matéria-prima para fabricar outros produtos.

Dessa forma, a previsão referente à possibilidade da consideração e análise do interesse público, como um verdadeiro quarto requisito para instituição de medidas *antidumping*, proporciona que sejam consideradas questões originárias da situação de outros personagens – além da indústria doméstica protegia com a instituição da referida medida –, importantes: os importadores, os usuários industriais e os consumidores, para não aplicação, redução ou suspensão das medidas *antidumping*.

Cabe ressaltar que tal previsão foi adotada na legislação interna de *antidumping* dos Países-Membros da OMC – Brasil, Canadá e União Europeia, dentre outros – e será analisada a partir do capítulo 6.

3.3. *Antidumping* e intereresse público na OMC

As relações econômicas e comerciais estabelecidas entre os vários países do mundo são, sem dúvida, capazes de influenciar profundamente a vida de seus cidadãos de forma bastante individual, sendo que deixar de considerá-las na construção e aplicação de uma teoria e definição de interesse público significa, sem dúvida, comprometer quaisquer conclusões a que com base nela se pudesse chegar.

Contudo, no âmbito das relações comerciais internacionais, é possível e necessário que se estabeleça uma distinção entre "interesse nacional" e "interesse público". Enquanto o primeiro, quase sempre, refere-se a aspectos relativos à segurança nacional, as reflexões relacionadas ao segundo estão ligadas às consequências econômicas para o país como um todo, em decorrência, por exemplo, da aplicação de medidas *antidumping*.

São as reflexões relacionadas ao segundo que nos darão os fundamentos necessários para que possamos estabelecer o conceito de interesse público no âmbito das relações comerciais e, a partir dele, possibilitar a análise de questões originárias da situação dos importadores, usuários industriais e consumidores, com o objetivo de reduzir, suspender ou não aplicar medidas *antidumping*.

Como assevera Mello, interesse público não se confunde, nem poderia confundir-se, com o interesse do Estado, da pessoa jurídica de direito público, sujeito de direitos e obrigações, não havendo como estabelecer-se uma identificação entre os referidos conceitos, na medida em que se materializa uma confusão entre sujeito e objeto:

> [...] assim melhor se compreenderá a distinção corrente na doutrina italiana entre interesses públicos ou interesses primários – que são os interesses da coletividade como um todo – e interesses secundários, que o Estado (pelo só fato de ser sujeito de direitos) poderia ter como qualquer outra pessoa, isto, independentemente de sua qualidade de servidor de interesses de terceiros: os da coletividade. Poderia, portanto, ter o interesse secundário de resistir ao pagamento de indenizações, ainda que procedente, ou de negar prestações bem fundamentadas que os administrados lhe fizessem, ou de cobrar tributos ou tarifas por valores exagerados. Estaria, por tal modo, defendendo interesses apenas seus, enquanto pessoa, enquanto entidade animada do propósito de despender o mínimo de recursos e abarrotar-se deles ao máximo. Não estaria, entretanto, atendendo ao interesse público, ao interesse primário, isto é, àquele que a lei aponta como sendo o interesse da coletividade: o da observância da ordem jurídica estabelecida a título de bem curar o interesse de todos.[70]

Deswarte observa que, apesar do aumento da utilização do interesse público na fundamentação de decisões administrativas e judiciais, sempre houve certa restrição ao seu uso, exatamente porque sua imprecisão pode possibilitar a violação ao Direito, *verbis*:

> [...] les réticences à son admission ont toujours été vives tant ou sein du Palais-Royal que dan la doctrine: la notion, par son imprécision, permettrait d'échapper au respect du droit.[71] (2013, p. 23)

Assim, o interesse estatal verdadeiramente público é o interesse público primário, ou seja, aquele que pertence à coletividade, genuinamente, configurando-se assim como a finalidade de todo o agir estatal.[72]

De outra ponta, os interesses públicos secundários são aqueles instrumentais, que decorrem da existência do Estado enquanto pessoa, possuindo uma relação indireta com atividade pública.[73]

No que concerne à questão da dificuldade de se estabelecer uma definição de interesse público primário, o filósofo britânico de linguagem, Herbert Paul Grice, em sua "teoria do significado", defendeu que a Administração Pública nunca estará livre para adotar o enten-

---

[70] MELLO, Celso Antônio Bandeira de. *Curso de direito administrativo*. São Paulo: Malheiros, 2007, p. 32.

[71] [...] o receio a sua admissão sempre esteve presente tanto no seio do Palácio Real como na doutrina: a noção, pela sua imprecisão, permitiria escapar à observância do direito. (DESWARTE, Marie-Pauline. *L'Intérêt Général dans la Jurisprudence du Conseil Constitutionnel*. Revue Française de Droit Constitutionnel et de la Science Politique em France ET a l'Etranger, n. 13. Paris: Presses Universitaires de France – PUF, 2013, p. 23, tradução nossa).

[72] MELLO, Celso Antônio Bandeira de. *Curso de direito administrativo*. São Paulo: Malheiros, 2007, p. 33.

[73] *Ibidem*, p. 34.

dimento que melhor lhe aprouver. No entender do referido autor, a depender das condições e do contexto em que as palavras e as sentenças são usadas ou pronunciadas, é sempre possível determinar seu significado, caso se atente exatamente para as peculiaridades dessas condições e desse contexto, e apliquem-se os princípios da cooperação no diálogo. Conclui:

> I wish, rather, to maintain that the common assumption of the contestants that the divergences do in fact exist is (broadly spealing) a common mistake, and that the mistake arises from inadequate attention to the nature and importance of the condition governing coversation.[74] (1999, p. 24)

Pode-se entender, então, como razões de interesse público primário, no âmbito das relações comerciais internacionais, um conjunto de elementos, em geral associados à imposição de custos decorrentes da aplicação das medidas *antidumping*, que se refletem:

a) sobre os importadores do produto *dumpiado*;

b) sobre outras indústrias pertencentes à cadeia produtiva da indústria beneficiada pela aplicação da medida *antidumping*, também denominadas de usuárias industriais;

c) e sobre os consumidores em geral.

Assim, os efeitos de práticas de *dumping*, prejuízo e nexo de causalidade sobre aqueles que se utilizam dos produtos afetados por medida *antidumping* como insumo, bem como os custos impostos à economia com um todo por meio de impacto nos preços ou no abastecimento interno (consumidores), torna a avaliação do interesse público na aplicação de medidas *antidumping* eivada de complexidade.

De acordo com Macera, Secretária Executiva do Grupo Técnico de Avaliação do Interesse Público – GTIP –, "o interesse público pode ser definido, no âmbito da legislação de defesa comercial, como decorrente da análise do impacto da imposição de medidas de defesa comercial no país importador, tomando-se vários interesses em conjunto".[75]

De tal modo, o interesse público é decorrente da consideração de todos os interesses privados da economia, permitindo, então, uma avaliação mais abrangente dos efeitos das medidas *antidumping*.

---

[74] Eu prefiro sustentar que a suposição comum entre os concorrentes de que as divergências de fato existem é (em termos gerais) um erro corriqueiro, e que o erro provém da inadequada atenção dada à natureza e importância da condição que rege o diálogo. (GRICE, Paul. *Studies in the way of words*. Cambridge (MA): Harvard University Press, 1999, p. 24, tradução nossa).

[75] MACERA, Andrea Pereira. *Interesse público e defesa comercial*: considerações gerais. Disponível em: <http://www.funcex.org.br/publicacoes/rbce/material/rbce/114_APM.pdf>, p. 114. Acesso em: 17 mai. 2015.

Isso ocorre ao se comparar os benefícios auferidos pela indústria doméstica com os possíveis danos causados a outras indústrias domésticas que utilizam o produto *dumpiado* como matéria-prima (usuários industriais), aos consumidores e a outras partes que não utilizam o produto *dumpiado* em seu processo produtivo ou não o consomem com frequência.[76]

A análise da presença do interesse público concentra-se não só sobre as empresas nacionais, que são beneficiadas diretamente com a medida *antidumping*, mas, também, sobre a situação das empresas e de consumidores que possam ser diretamente afetados pelas medidas *antidumping*, assim, a análise vai um degrau acima ou um degrau abaixo na cadeia produtiva relacionada ao produto *dumpiado*.

Forçoso é concluir, então, que o conceito de interesse público será estabelecido com base na situação dos consumidores e dos usuários industriais sediados no país que aplica a medida *antidumping* (importador) e das indústrias nele instaladas, não sendo aplicável ao exportador com sede única e exclusivamente no exterior e sem investimentos naquele país.

O atual AAD/1995 não impõe aos Países-Membros da OMC a obrigatoriedade de considerarem o interesse público de forma abrangente em suas legislações internas de *antidumping*.

Cabe asseverar, contudo, que o Acordo também não proíbe que o interesse público seja levado em consideração e, até, transforme-se num quarto requisito a ser satisfeito para que sejam aplicadas, ou não, as medidas *antidumping*, como ocorre com a UE, conforme restará demonstrado a partir do capítulo 5.

Tal como observado por Einhorn, mesmo diante de uma série de compromissos assumidos no âmbito do sistema multilateral de comércio, há, nas regras adotadas na OMC para a regulamentação do comércio internacional, certa margem de apreciação pelos Estado-Membros da organização de como aplicá-las a seus respectivos ordenamentos jurídicos. Nesse sentido, a autora afirma que as soluções específicas escolhidas por cada um dos membros da OMC devem refletir o seu próprio interesse econômico, mas também as suas próprias necessidades sociais.[77]

---

[76] SANTOS, Pablo Fonseca Pereira. *Guia para análise econômica de processos de interesse público*. Ministério da Fazenda. Secretaria de Acompanhamento Econômico. Janeiro de 2014. Disponível em: <http://www.seae.fazenda.gov.br/notas-a-imprensa/pdfs/guia%20interesse%20público-jan2014.pdf>, p. 6. Acesso em: 16 fev. 2015.

[77] EINHORN, Talia. *Reconciling Israeli Antidumping Law with WTO/GATT International Trade Law Rules*. Israel Law Review: faculty of law, Hebrew University, v. 32, n. 1, 1998, p. 84.

Para demonstrar, é ver-se que o art. 3.4 do AAD/1995 assevera que, para fins da determinação da lesão, no âmbito da investigação do prejuízo, deverão ser "avaliados todos os fatores e índices econômicos relevantes para influenciar a situação da indústria". Logo a seguir, nas disposições do art. 3.5, tal Acordo determina:

Art. 3.5. É necessário demonstrar que os efeitos do *dumping*, conforme estabelecido nos artigos 3.2. e 3.4, através de importações objeto de *dumping*, causam prejuízo da forma como definido no presente Acordo. A demonstração de um nexo de causalidade entre as importações objeto de *dumping* e o prejuízo para indústria doméstica, baseada no exame de todas as provas relevantes. As Autoridades podem, também, examinar quaisquer outros fatos de que tenham conhecimento, além das importações objeto de *dumping* que, ao mesmo tempo, estão a prejudicar o setor de produção nacional, e os prejuízos causados por esses outros fatores não devem ser atribuídos às importações objeto de *dumping*. Entre os fatores que podem ser relevantes a este respeito constam [...] a diminuição da demanda ou mudanças nos padrões de consumo, práticas comerciais restritivas entre produtores estrangeiros e nacionais e a concorrência entre si [...].[78]

Assim, conforme restou demonstrado, o AAD/1995 não proíbe que as Autoridades, na determinação do prejuízo – um dos requisitos para aplicação, ou não, da medida *antidumping* –, examinem quaisquer outros fatores de que tenham conhecimento além dos índices econômicos relevantes, inclusive questões que envolvam o interesse público.

No mesmo sentido, por meio do art. 6.1, o AAD/1995 determina:

Art. 6.1. Todas as partes interessadas serão comunicadas do início de uma investigação de *antidumping* e deverão prestar as informações exigidas pelas Autoridades, podendo exercer o mais amplo direito de apresentar, por escrito, todas suas argumentações e provas relevantes, sobre que investigação em questão.[79]

Ainda, tal discricionariedade do AAD/1995 resta evidenciada no art. 6.2:

Art. 6.2. Ao longo da investigação *antidumping* todas as partes interessadas terão plena oportunidade de defender os seus interesses. Para tanto, as Autoridades devem comunicar a todos os interessados que, mediante pedido, poderão as partes que tenham interesses e contrários e pontos de vistas conflitantes, participarem de uma audiência, oportunidade em que apresentarão seus argumentos e contra-argumentos. Contudo, mesmo com a realização das audiências, não deixará de ser observada a conveniência das partes no sentido de salvaguardar a confidencialidade das informações. Nenhuma parte é obrigada a participar de uma audiência, e a sua ausência não

---

[78] Disponível em: <https://www.wto.org/spanish/dosc_s/legal_s/19-adp.pdf>. Acesso em: 17 mai. 2015.

[79] *Ibidem.*

irá causar-lhe prejuízo. As partes interessadas terão, também, o direito de, mediante justificação, aprestar outras informações de forma oral.[80]

Ou seja, tanto no início da investigação *antidumping* quanto no decorrer, todas as partes interessadas terão garantidos seus direitos referentes ao devido processo legal e mais ampla defesa.

Além do mais, o art. 6.2 do AAD/1995 prevê que, ao longo de toda a investigação de *antidumping*, todas as partes interessadas devem ter a oportunidade de defender seus interesses, e, para que isso ocorra, as autoridades devem, ao serem requisitadas, fornecer oportunidades para todas as partes interessadas se reunirem com as partes cujos interesses sejam adversos, para que pontos de vistas opostos possam ser apresentados e argumentos oferecidos sejam refutados.

Ainda, o art. 6.11 do AAD/1995 define a expressão "partes interessadas" para o propósito de tal Acordo, prevendo a inclusão de:

a) um exportador ou produtor estrangeiro, ou o importador de um produto sujeito a investigação, ou uma associação de comércio ou negócio no qual a maioria dos membros sejam produtores, exportadores ou importadores de tal produto;

b) o Governo do membro exportador; e.

c) um produtor do produto similar, no país do membro importador, ou uma associação de comércio ou negócio na qual a maioria dos membros produzam o produto similar no território do país membro importador, nas partes interessadas, tudo para ao final determinar, ainda:

Art. 6.11 [...]

Esta lista não obsta que os Membros permitam que outras partes interessadas, além dos que indicados como partes nacionais e estrangeiras, sejam incluídas como partes interessadas.[81]

Portanto, a referida expressão, "partes interessadas" inclui não somente os exportadores e produtores domésticos, mas os importadores do produto sob investigação, que estão propensos a ser adversamente afetados pelas medidas *antidumping*.

Conforme restou demonstrado, o referido artigo 6.11 do AAD/1995 assevera que essa lista não impede os Países-Membros de permitirem que partes estrangeiras ou domésticas, além das mencionadas acima, sejam incluídas como partes interessadas.

---

[80] Disponível em: <https://www.wto.org/spanish/dosc_s/legal_s/19-adp.pdf>. Acesso em: 17 mai. 2015.

[81] Disponível em: <https://www.wto.org/english/docs_e/legal_e/19-adp_01_e.htm>. Acesso em: 16 fev. 2015.

Todavia, as determinações constantes dos artigos 3.5, 6.1, 6.2 e 6.11 do mesmo Acordo, mesmo não estabelecendo nenhuma proibição quanto à consideração de questões de interesse público, não trazem, também, nenhuma previsão no sentido de determinar que as considerações produzidas pelas "partes interessadas" sejam, efetivamente, levadas em conta nas decisões sobre a aplicação de medidas *antidumping* e na avaliação de direitos e deveres.

Assim, forçoso é concluir que as partes afetadas adversamente (incluindo importadores, usuários industriais domésticos e consumidores) não têm direitos, mas meramente a prerrogativa de participar do procedimento investigatório, e as autoridades investigatórias que conduzem um processo *antidumping* não são obrigadas a levar em consideração suas observações, ou seja, as medidas *antidumping* podem ser impostas mesmo se forem contrárias ao interesse público.

Contudo, pode-se identificar a existência de dois dispositivos no âmbito do AAD/1995, cuja natureza se assemelha, em muito, à do interesse público. O primeiro deles encontra-se no art. 6.12, com o seguinte teor:

6.12. As Autoridades darão aos usuários industriais do produto sob investigação, e as organizações representativas dos consumidores, nos casos em que o produto é vendido normalmente a varejo, a oportunidade de fornecer qualquer informação que seja relevante para a investigação sobre o *dumping*, o prejuízo e o nexo de causalidade entre êles.[82]

Porém, o referido dispositivo do AAD/1995 não vai além de prever o direito de consumidores e de usuários industriais do produto sob investigação de submeterem comentários relativos ao *dumping*, ao dano e ao nexo de causalidade, não havendo previsão, no entanto, dos efeitos que tais manifestações terão na decisão sobre a aplicação da medida *antidumping*.

Estudos realizados recentemente por Kaushik e Sharma, publicados em junho de 2014, no *International Journal of Application or Innovation in Engineering & Manegement*,[83] sobre a eficácia do AAD/1995, mais precisamente sobre as disposições constantes do artigo 6.12, confirmam esse entendimento:

6. Include the Public Interest Clause (Article 6.12)

Under the Agreement, industrial users and representative consumer organizations are to be afforded (sic) the opportunity to provide information which is relevant to an inves-

---

[82] Disponível em: <https://www.wto.org/spanish/dosc_s/legal_s/19-adp.pdf>. Acesso em: 17 mai. 2015.

[83] KAUSHIK, K. R. SHARMA, Sharat. *Evaluating the efficacy to GATT/WTO Agreement on antidumping*. International Journal of Application or Innovation in Engineering & Manegement (IJAIEM). Issue 6, v. 3, June 2014, p. 376.

tigation of dumping, injury causality. The mere ability to furnish information to government authorities is insufficient. WTO members must agree to strengthen consideration of the public interest clause, including the interests of relevant producers and consumers, before anti-dumping measures are imposed.[84] (2014, p. 376)

No mesmo sentido, a disposição legal do AAD/1995, que estabelece alguma proximidade com o conceito de interesse público, é a regra do menor direito, prevista no artigo 9.1, nos seguintes termos:

9.1. É da competência das Autoridades do Membro importador a decisão sobre a imposição ou não de direito *antidumping*, quando estiverem preenchidos os requisitos necessários, e a decisão sobre o se montante do direito *antidumping* a ser imposto será a totalidade da margem de *dumping* ou menos do que esse valor. É desejável que o direito seja facultativo no território de todos os Membros e que seu montante seja menor do que a margem de dumping, caso tal valor inferior seja suficiente para eliminar o dano à indústria nacional.[85]

Tal dispositivo dá às Autoridades investigadoras a prerrogativa de aplicar um direito inferior à margem de *dumping*, desde que seja suficiente para eliminar o dano sofrido pela indústria local. Contudo, no referido texto legal, a aplicação da regra do menor direito "é desejável", e não "obrigatória".

Foi precisamente o fato de o princípio do menor direito já constar do AAD/1995 que motivou o Brasil a enfatizá-lo em sua proposta submetida ao Comitê *Antidumping* (proposta TN/RL/W/189), em outubro de 2005, *verbis*:

Regardless of the reasons why negotiators agreed that it is desirable that the application of a duty be less than the margin if such lesser duty would be adequate to remove the injury to the domestic industry and despite the fact that this alternative is not mandatory, there seems to be no reason to depict the LDR as not in accordance to the principles and objectives embodied in GATT Articule VI and in ADA.[86] (2005, p. 1)

Assim, segundo o AAD/1995, uma determinação positiva de *dumping*, de dano (prejuízo) e de nexo de causalidade, com base numa

---

[84] 6. Inclusão da Cláusula de Interesse Público (art. 6.12). Conforme o Acordo, deve ser proporcionada aos usuários industriais e organizações representativas de consumidores, a oportunidade de fornecer informação que seja relevante à investigação de *dumping* predatório e de causalidade. A mera habilidade de fornecer informação às Autoridades Governamentais é insuficiente. Os Membros da OMC devem concordar em fortalecer a consideração da cláusula de interesse público, incluindo os interesses de produtores e consumidores relevantes, antes que as medidas *antidumping* sejam impostas. (KAUSHIK, 2014, p. 376, tradução nossa).

[85] Disponível em: <https://www.wto.org/spanish/dosc_s/legal_s/19-adp.pdf>. Acesso em: 17 mai. 2015.

[86] Independentemente das razões pelas quais os negociadores concordaram que é desejável que a aplicação de uma taxa seja inferior a margem se tal taxa menor foi adequada para eliminar o prejuízo a indústria coméstica e, apesar do fato de que esta alternativa não é obrigatória, parece não haver nenhuma razão para retratar a revisão da legislação de *dumping* em dissonância com os princípios e objetivos consagrados no GATT Artigo VI e no Acordo *Antidumping*. (tradução nossa)

investigação apropriada, é *conditio sine qua non* para que uma medida *antidumping* possa ser aplicada de forma válida.

Trata-se, portanto, de uma autorização para que o governo de um País-Membro aplique uma medida *antidumping*, mas nada impede que a tal medida seja aplicada em qualquer montante inferior à margem de *dumping*, independentemente da aplicação ou não da regra do menor direito ou, até mesmo, de sua não aplicação.

No mesmo estudo referido, em relação à cláusula 9.1 do AAD/1999,[87] os autores Kaushik e Sharma referem:

> 7. Make the "lesser duty rule" mandatory. (Art. 9.1)
>
> The Agreement recommends, but does not require, the imposition of a lower rate "if such lesser duty would be adequate to remove the injury to the domestic industry". In the interest of the fair international trade "lesser duty rule" be made mandatory for all the member countries and should be included in the WTO Antidumping Agreement.[88] (2014, p. 376)

Assim, resta observado que não existe, no plano multilateral, regramento específico relativo ao interesse público no âmbito de investigações *antidumping*. Na verdade, a única referência ao interesse público identificada nos acordos multilaterais no que concerne à defesa comercial é a constante no artigo 3.1 do Acordo de Salvaguardas:

> Artigo 3º
>
> Inquérito
>
> 1. Um Membro só poderá aplicar uma medida de salvaguarda após investigação conduzida por suas autoridades competentes de conformidade com procedimentos previamente estabelecidos e tornados públicos nos termos do Artigo X do GATT 1994. Tal investigação compreenderá a publicação de um aviso destinado a informar razoavelmente todas as partes interessadas, assim como audiências públicas ou outros meios idôneos pelos quais os importadores os exportadores e outras partes interessadas possam apresentar provas e expor suas razões, e ter ainda a oportunidade de responder a argumentação das outras partes e apresentar suas opiniões, inclusive, entre outras coisas, sobre se a aplicação da medida de salvaguarda seria ou não do interesse público.[89]

---

[87] KAUSHIK, K. R. SHARMA, Sharat. *Evaluating the efficacy to GATT/WTO agreement on antidumping*. International Journal of Application or Innovation in Engineering & Manegement (IJAIEM). Issue 6, v. 3, June 2014, p. 376.

[88] 7. Tornar obrigatória a cláusula de menor direito (art. 9.1). O Acordo recomenda, mas não obriga, a imposição de uma taxa menor "se tal taxa menor for adequada para remover o prejuízo da indústria doméstica". Para o interesse de uma negociação internacional justa "a regra do menor direito" deveria tornar-se obrigatória para todos os países membros, e deveria ser incluída no Acordo *Antidumping* da OMC. (tradução nossa).

[89] Disponível em: <http://www.fd.uc.pt/CI/CEE/OI/OMC.GATT/Anexo_1A-Acordo_medidas_salvaguarda.htm>. Acesso em: 17 mai. 2015.

Mesmo assim, a regra do referido Acordo de Salvaguardas não vai além de prever a oportunidade para que partes interessadas se manifestem quanto ao fato de a medida de salvaguarda ser ou não de interesse público.

Cabe ressaltar, também, que várias foram as propostas apresentadas nas Rodadas de negociações comerciais multilaterais da OMC, pelos países contratantes com perfil exportador, no sentido de incorporar no AAD/1995 uma cláusula específica destinada a assegurar a análise do interesse público. Tais países defendem que outros elementos, além dos interesses dos produtores nacionais, devem influenciar a decisão da autoridade investigadora sobre a aplicação ou não de uma medida *antidumping*. Sobre isso, vale, ainda, referir os argumentos apresentados por Einhorn:

> International trade law offers states a very different remedy, that first and foremost protects the competing local industry, regardless of the procompetitive or anticompetitive effects of dumping on the market as a whole. Dumping may be very beneficial to consumers and industries that regularly use such goods. Unfortunately, states often tend to place industrial policy, intended to protect the profitability, turnover, productivity and other such interests of their domestic industry, above the interests of the public at large in rules that would safeguard free competition in their markets as such.[90] (1998, p. 4)

Nesse sentido, cabe ressaltar que os referidos países com interesses exportadores denominados *Friends of Antidumping Negotiations* (FANs),[91] vêm apresentando propostas no âmbito da OMC, mais especificamente no Conselho de Comércio de Bens, que coordena o Comitê de Práticas *Antidumping*, sugerindo que informações relativas ao interesse público sejam consideradas de maneira efetiva quando da decisão de aplicação de uma medida *antidumping*.

No ano de 1989, por exemplo, Hong Kong apresentou ao Comitê de Práticas *Antidumping* um documento no qual propôs que os interesses da indústria importadora e os custos das medidas *antidumping*

---

[90] Direito comercial internacional oferece aos estados um remédio muito diferente, que em primeiro lugar busca proteger a indústria competitiva local, independentemente dos efeitos favoráveis à concorrência ou anticoncorrenciais do *dumping* no mercado como um todo. *Dumping* pode ser muito benéfico para os consumidores e indústrias que usam regularmente esses produtos. Infelizmente, estados, muitas vezes tendem a colocar a política industrial, destinada a proteger a rentabilidade, volume de negócios, produtividade e outros interesses de sua indústria nacional, acima dos interesses do público em geral em regras que protegeriam a livre concorrência em seus mercados como tal. (EINHORN, Talia. *Reconciling Israeli Antidumping Law with WTO/GATT International Trade Law Rules*. Israel Law Review : faculty of law, Hebrew University, v. 32, n. 1, 1998, p. 84, tradução nossa).

[91] Os países que fazem parte desse agrupamento são: Brasil, Colômbia, Coreia, Chile, Hong Kong, Israel, Japão, México, Noruega, Tailândia, Taipé Chinês, Suíça.

fossem levados em consideração diante da possibilidade de serem aplicadas.[92]

No mesmo ano, Cingapura propôs a consideração dos interesses dos consumidores e usuários industriais dos produtos *dumpiados*, quando da decisão da aplicação de uma medida *antidumping*, já que:

a) as leis *antidumping* protegem os interesses dos produtores domésticos impondo prejuízos aos consumidores;

b) as práticas *antidumping* atuais têm causado efeitos adversos à economia nacional e custos à indústria importadora.[93]

Em 1991, a Coreia apresentou suas sugestões no sentido de que os fatores relativos ao interesse público fossem levados em consideração nas investigações de *antidumping*. Em seu entender, esses fatores seriam os preços domésticos, o impacto sobre as importações e o impacto em outras indústrias.[94]

Já no ano de 2002, o Canadá deu ensejo ao primeiro documento registrado pelo Comitê de Práticas *Antidumping*, por meio do qual asseverou que a consideração do interesse público deveria fazer parte das questões de esclarecimentos das regras e disciplinas nas negociações.[95]

Cabe ressaltar que, no âmbito da OMC, a partir de 1995, também se desenrolaram vários debates sobre a questão do interesse público no *antidumping*, valendo destacar que Brasil, China, Chile, Colômbia, Coreia, Costa Rica, Hong Kong, Israel, Japão, México, Noruega, Singapura, Suíça, Tailândia e Turquia enviaram documentos por meio dos quais identificaram que o interesse público é uma questão que merece ser considerada de forma urgente pelo Conselho de Comércio de Bens, que coordena o Comitê de Práticas *Antidumping*.

Em 30 de novembro de 2007, o Presidente do referido Comitê apresentou aos membros da OMC os Projetos de Textos Reformulados do Acordo *Antidumping* e das Medidas Compensatórias, correspondendo a uma versão consolidada de todas as propostas já apresentadas pelos Países-Membros, dentre eles a do art. 9.1, do AAD/1995, onde a parte "riscada" corresponde ao que será suprimido, e a "sublinhada", àquela que irá acrescer ao texto legal, *verbis*:

---

[92] CORDOVIL, Leonor. *Antidumping*: interesse público e protecionismo no comércio internacional. São Paulo: Revista dos Tribunais, 2011, p. 57.

[93] *Ibidem*, p. 58.

[94] *Ibidem*, p. 60.

[95] *Ibidem*, p. 61.

Article 9

Imposition and Collection of Anti Dumping Duties

9.1. The decision whether or not to impose an anti dumping duty in cases where all requirements for the imposition have been fulfilled, and the decision whether the amount of the anti dumping duty to be imposed shall be the full margin of dumping or less, are decisions to be made by the authorities of the importing Member. Each Member whose national legislation contains provisions on anti-dumping measures shall establish procedures in its laws or regulations to enable its authorities, in making such decisions in an investigation initiated pursuant to Article 5, to take due account of representations made by domestic interested parties whose interests might be affected by the imposition of an anti-dumping duty. The application of these procedures, and decisions made pursuant to them, shall not be subject to dispute settlement pursuant to the DSU, Article 17 of this Agreement or any other provision of the WTO Agreement.

comment.

36. Each such Member shall publish those procedures and shall notify them to the Committee pursuant to Article 18.5.

37. For the purpose of this paragraph, the term "domestic interested parties" shall include industrial users of the imported product under consideration and of the domestic like product, suppliers of inputs to the domestic industry and, where the product is commonly sold at the retail level, representative consumer organizations.

38. Decisions taken pursuant to these procedures are not subject to the judicial review requirements of Article 13.[96]

Países como Colômbia, China, Hong Kong, Israel e Japão apresentaram críticas ao referido texto asseverando que:

a) é preciso fazer mais do que, apenas e tão somente, permitir que as autoridades levem em consideração os comentários das partes domésticas, já que isso se enquadra no poder discricionário delas;

b) é preciso alargar a definição de partes domésticas já que, com o referido texto, apenas os consumidores imediatos enquadram-se em tal definição, deixando de fora os consumidores finais;

c) é preciso sujeitar o interesse público à revisão pelo mecanismo de solução de controvérsias da OMC e pelo Poder Judiciário.

---

[96] Disponível em: <http://www.wto.org/english/tratop_e/rulesneg_e/rules_chair_text_nov07_e.htm>. Acesso em: 15 fev. 2015. Tradução a seguir no Quadro 2.

Quadro 2 – Comparação entre a redação atual e a proposta do novo art. 9.1 do AAD/1995

Texto atual do art. 9.1 do AAD/1995	Proposta de alteração do art. 9.1 do AAD/1995
9.1. É da competência das Autoridades do Membro importador a decisão sobre a imposição ou não de direito antidumping, quando estiverem preenchidos os requisitos necessários, e a decisão, sobre o montante do direito *antidumping* a ser imposto será a totalidade da margem de dumping ou menos do que esse valor. É desejável que o direito seja facultativo no território de todos os Membros e que seu montante seja menor do que a margem de dumping, caso tal valor inferior seja suficiente para eliminar o dano à indústria nacional.	9.1. É da competência das autoridades do Membro importador a decisão sobre a imposição ou não de direito *antidumping*, quando estiverem preenchidos os requisitos necessários, e a decisão, sobre o montante do direito *antidumping* a ser imposto será a totalidade da margem de dumping ou menos do que esse valor. Cada Membro que possui legislação antidumping deve estabelecer procedimentos em sua lei ou regulamento que permita que suas autoridades, ao tomar as decisões descritas no art. 5º levem em consideração a representação feita pelas partes domésticas interessadas que poder ter seu interesse afetado pela imposição de medida *antidumping*. A aplicação destes procedimentos, e as decisões tomadas em relação a ele, não devem ser sujeitas ao mecanismo de solução de controvérsias, previsto no art. 17 deste Acordo ou qualquer outra previsão de acordo da OMC. *Obs.*: para efeitos do presente artigo o termo "partes domésticas interessadas" incluirá os usuários industriais do produto doméstico importado, os fornecedores de insumos para a indústria nacional, e as organizações representativas de consumidores de onde o produto é vendido em nível de varejo.

Não obstante tal situação fática, alguns Países-Membros da OMC já preveem a análise do interesse público em suas legislações internas de *antidumping* e já possuem alguns precedentes importantes no sentido de não aplicar, reduzir ou suspender as medidas *antidumping,* justamente por questões de interesse público que propiciam considerar questões originárias da situação dos importadores, usuários industriais e consumidores, entre eles o Brasil, o Canadá e a União Europeia.

3.4. Critérios para apuração do interesse público nas relações comerciais em nível mundial

Embora existam manifestações sobre o significado de interesse público, as discussões no âmbito da OMC indicam ser muito difícil alcançar uma definição operacional que capture todas as *nuances* do referido conceito, no âmbito do comércio internacional.

Tal ausência de uma definição operacional não pode se constituir em um impedimento para que se proceda a uma determinação sobre consideração e análise do interesse público, na condição de requisito para instituição de medidas *antidumping*, tendo como objetivo, justamente, permitir que sejam consideradas questões originárias da situação dos importadores, usuários industriais e consumidores, para não aplicação, redução ou suspensão das medidas *antidumping*.

Explica-se: caso a análise de interesse público restrinja-se a uma simples avaliação dos efeitos sobre os preços de insumos ou de produtos finais decorrentes da aplicação da medida *antidumping*, será grande a possibilidade de que ela seja aplicada. Isso ocorrerá porque é da natureza de tal medida provocar o aumento do preço do produto importado para compensar o *dumping*. Assim, toda medida *antidumping* gera impacto nos preços, por definição.

No mesmo sentido, se a análise do interesse público focar no efeito concorrencial resultante da aplicação de uma medida *antidumping*, a indústria interna contará com uma barreira adicional que dificultará, ou até impedirá, a entrada de indústrias concorrentes.

Tal situação poderá dar ensejo, também, à não aplicação da medida, especialmente sobre produtos originários de indústrias que representam setores objetos de monopólios ou oligopólios.

Para resolver tais questões, tanto a literatura, quanto a experiência internacional sugerem que a análise do interesse público se concentre na própria medida *antidumping* e no seu objetivo: eliminar o dano causado por importações desleais. Isso porque, por si só, deve ser capaz de fazer com que a situação retorne ao seu *status quo ante*, em que a indústria doméstica atuava no mercado sem sofrer danos decorrentes da importação.[97]

Assim é possível identificar, no mínimo, três efeitos de uma medida *antidumpig*, a saber:

a) um imediato, também conhecido como efeito preço, que se constitui no objetivo mais direto da medida *antidumping* com a correção da dimensão desleal do preço de importação;

b) um segundo, que pode ser definido como retorno ao *status quo ante*, já que tem o condão de permitir que a indústria doméstica volte a exercer sua atividade empresarial no mercado in-

---

[97] SANTOS, Pablo Fonseca Pereira. *Guia para análise econômica de processos de interesse público*. Ministério da Fazenda. Secretaria de Acompanhamento Econômico. Janeiro de 2014, p. 7. Disponível em: <http://www.seae.fazenda.gov.br/notas-a-imprensa/pdfs/guia%20interesse%20púb lico-jan2014.pdf>. Acesso em: 16 fev. 2015.

terno sem os danos causados pela importação desleal a preços de *dumping*;

c) devolve-se a capacidade da indústria doméstica de fazer investimentos, modernizar a produção e reduzir seus custos.

Dessa forma, a análise do interesse público deve inserir-se na interseção entre o efeito imediato e os efeitos esperados a médios e longos prazos de uma medida *antidumping*. Ocorre que, se, em um primeiro momento, prevalece a preocupação com a situação da indústria doméstica, não deve haver óbice para que, a médio e logo prazos, os efeitos da medida necessitem ser analisados de uma forma mais ampla.

Nesse sentido, cabe ressaltar que a Organização para Cooperação e Desenvolvimento Econômico (OCDE)[98] [99] [100] sugere que seus membros analisem o impacto das medidas *antidumping* a partir da definição de alguns fatores econômicos chaves para apuração do interesse público. Esses fatores podem ser identificados como:

a) o impacto das medidas *antidumping* sobre a indústria nacional;

b) o impacto das medidas *antidumping* sobre a concorrência;

c) os efeitos da medida a*ntidumping* sobre usuários industriais, consumidores, importadores, distribuidores, atacadistas e varejistas;

d) as mudanças nas condições de mercado após a aplicação da medida por meio de fusões e aquisições de indústrias, bem como a suspensão ou parada definitiva da produção da indústria doméstica;

e) investimentos realizados no país denunciante do *dumping* por exportadores afetados pela medida.

---

[98] A OCDE está sediada em Paris, França, é um organismo composto por 34 membros, fundado em 14.12.1961, sucedendo a Organização para a Cooperação Econômica Europeia, e que atua nos âmbitos internacional e intergovernamental, realizando o intercâmbio de informações e alinhamento de políticas, com o objetivo de potencializar o crescimento econômico e colaborar com o desenvolvimento dos países-membros.

[99] São membros da OCDE: Alemanha (1961); Austrália (1971); Áustria (1961); Bélgica (1961); Canadá (1961); Chile (2010); Coreia do Sul (1996); Dinamarca (1961); Eslováquia (2000); Eslovênia (2010); Espanha (1961); Estados Unidos (1961); Estônia (2010); Finlândia (1969); França (1961); Grécia (1961); Hungria (1996); Irlanda (1961); Islândia (1961); Israel (2010); Itália (1962); Japão (1964); Luxemburgo (1961); México (1994); Noruega (1961); Nova Zelândia (1973); Países Baixos (1961); Polônia (1996); Portugal (1961); Reino Unido (1961); República Tcheca (1995); Suécia (1961); Suíça (1961); e Turquia (1961).

[100] O Brasil não é membro da OCDE, mas é considerado como *key partner* (parceiro-chave), situação que lhe permite participar de Comitês da Organização e de inúmeras áreas de trabalho. O país tem integrado as atividades patrocinadas pela Organização e por seus órgãos técnicos, sobretudo seminários e reuniões de grupos de trabalho, com a presença de peritos brasileiros de áreas especializadas.

Em maio de 2007, o Conselho Ministerial da OCDE decidiu fortalecer a cooperação da Organização com Brasil, China, Índia, Indonésia e África do Sul por meio do programa de *enhanced engagement*, tornando possível a futura adesão desses países.

A Reunião do Conselho Ministerial de 2012 da OCDE marcou o quinto aniversário do lançamento do *enhanced engagement*. Nessa ocasião, Brasil, China, Índia, Indonésia e África do Sul passaram a ser considerados *key partners* (parceiros-chave) na Organização.

3.5. *Antidumping* e interesse público no Canadá

O Canadá, em sua legislação interna sobre *antidumping*, denominada *Special Import Measures Act* (SIMA – Ato Especial sobre Medidas de Importação), na Seção n. 45, instituiu a cláusula de interesse público. Isso ocorreu no ano de 1984, por sugestão da Associação dos Consumidores Canadenses, seguido de um parecer da Câmara dos Comuns.

A investigação sobre a presença ou não do interesse público ficou a cargo do *Canadian International Trade Tribunal* (CITT – Tribunal de Negociação Internacional do Canadá), nos seguintes termos, *verbis*:

45. (1) If, as a result of an inquiry referred to in section 42 arising out of the dumping or subsidizing of any goods, the Tribunal makes an order or finding described in any of sections 3 to 6 with respect to those goods, the Tribunal shall, on its own initiative or on the request of an interested person that is made within the prescribed period and in the prescribed manner, initiate a public interest inquiry if the Tribunal is of the opinion that there are reasonable grounds to consider that the imposition of an anti-dumping or countervailing duty, or the imposition of such a duty in the full amount provided for by any of those sections, in respect of the goods would not or might not be in the public interest.[101] [102]

Initiation of inquiry if imposition of duty not in public interest Marginal note: Publication of notice

(2) The Tribunal shall publish in the *Canada Gazette* notice of a decision to initiate a public interest inquiry.

Marginal note: Consideration of prescribed factors

---

[101] Disponível em: <http://laws-lois.justice.gc.ca/eng/acts/S-15/page-28.html?texthighlight=publication+interested+interest+public#s-45>. Acesso em: 16 fev. 2015.

[102] 45. (1) Se, como resultado de uma investigação referendada na seção 42 decorrente de *dumping* ou subsídio de qualquer produto, o Tribunal fizer um pedido ou descoberta descrita em qualquer das seções 3 a 6, em relação a esses produtos, o Tribunal pode, a partir de sua própria iniciativa ou por requerimento de uma pessoa interessada, feito dentro do período e de maneira determinada, iniciar uma investigação de interesse público se o Tribunal for da opinião de que há fundamentos razoáveis para considerar que a imposição de uma taxa de *antidumping* ou de compensação, ou a imposição de tal taxa, no valor total mencionado em qualquer das seções, em respeito aos produtos, não estaria ou poderia não estar contida no interesse público. (tradução nossa)

(3) In a public interest inquiry, the Tribunal shall take into account any factors, including prescribed factors, that it considers relevant.

Marginal note: Report

(4) If, as a result of a public interest inquiry, the Tribunal is of the opinion that the imposition of an anti-dumping or countervailing duty, or the imposition of such a duty in the full amount provided for by any of sections 3 to 6, in respect of the goods would not or might not be in the public interest, the Tribunal shall without delay

(a) report to the Minister of Finance that it is of that opinion and provide that Minister with a statement of the facts and reasons that caused it to be of that opinion; and

(b) cause notice of the report to be published in the *Canada Gazette*.

Marginal note: Details in report

(5) If the Tribunal is of the opinion that the imposition of an anti-dumping or countervailing duty in the full amount would not or might not be in the public interest, the Tribunal shall, in the report referred to in paragraph (4)(a), specify either

(a) a level of reduction in the anti-dumping or countervailing duty provided for in any of sections 3 to 6; or

(b) a price or prices that are adequate to eliminate injury, retardation or the threat of injury to the domestic industry.

Marginal note: Persons interested may make representations

(6) If a person interested in a public interest inquiry makes a request to the Tribunal within the prescribed period and in the prescribed manner for an opportunity to make representations to the Tribunal on the question whether the Tribunal should make a report under paragraph (4) (a) with respect to any goods in respect of which the inquiry is being made, the Tribunal shall give that person an opportunity to make representations to the Tribunal on that question orally or in writing, or both, as the Tribunal directs in the case of that inquiry.[103]

---

[103] Início de investigação se a imposição da taxa não infringir o interesse público.

Nota: Publicação de um edital

(2) O Tribunal deverá publicar na *Canada Gazette* o edital de uma decisão sobre iniciar uma investigação de interesse público.

Nota: Considerações sobre fatores prescritos

(3) Numa investigação de interesse público, o Tribunal deverá levar em consideração quaisquer fatores, incluindo fatores prescritos, que ele considerar relevantes.

Nota: Relatório

(4) Se, como resultado de investigação de interesse público, o Tribunal for da opinião de que a imposição de uma taxa *antidumping* ou de compensação, ou a imposição de tal taxa no valor total prevista em quaisquer das seções 3 a 6, em relação aos produtos não estaria ou poderia não estar incluída no interesse público, o Tribunal pode, sem demora: a) reportar-se ao Ministro das Finanças sobre sua opinião e fornecer ao Ministro os fatos e razões que o levaram a tal conclusão; e b) avisar sobre o relatório a ser publicado na *Canada Gazette*.

Nota: Destalhes do relatório:

(5) Se o Tribunal for da opinião de que a imposição de uma taxa *antidumping* ou de compensação num valor total não estaria, ou poderia não estar, incluída no interesse público, o Tribunal pode, no relatório referido no parágrafo 4º, especificar que: a) um nível de redução da taxa de *antidumping* ou de compensação fornecida por qualquer das seções 3 a 6; ou b) um preço ou preços que são adequados para eliminar o prejuízo, retardar ou ameaçar de prejuízo a indústria doméstica.

Nota: Pessoas interessadas podem ser representadas

(6) Se uma pessoa interessada na investigação de interesse público faz um requerimento para o Tribunal, a tempo e modo, para ter uma oportunidade de ser representada junto ao mesmo sobre a questão de se o Tribunal deveria fazer um relatório de acordo com o parágrafo 4º, em relação a

Assim, iniciado o procedimento administrativo sobre *dumping*, o CITT, com fulcro no referido artigo, poderá, de ofício ou a pedido de uma parte interessada, dar início à investigação de interesse público, que é composta de duas fases:

   a) na primeira fase, o CITT analisa e decide se há fundamentos razoáveis para dar início à referida investigação. Caso tais fundamentos não existam, o CITT emitirá uma decisão fundamentada e tal procedimento será arquivado;

   b) se o CITT decidir pela existência de fundamentos razoáveis dá-se início, então, à segunda fase, ou seja, à investigatória, por meio da qual o CITT prepara um relatório contendo fatos e recomendações específicas dirigidas ao Ministro das Finanças Canadense.

Cabe ressaltar, então, que a fase inicial de investigação de interesse público, num procedimento administrativo de *dumping* no Canadá, começa quando o requerente protocola junto ao CITT um requerimento, num prazo máximo de 45 dias a contar da data em que o Tribunal divulga a decisão de que há prejuízo.

A investigação de *dumping* será conduzida com fulcro na Seção n. 42 do SIMA, e qualquer parte constante do inquérito, ou qualquer empresa ou pessoa afetada pela descoberta de prejuízo feita pelo Tribunal, poderá ser considerada requerente, de acordo com a Subseção 43.1 do SIMA.

O CITT pode, também, decidir *ex officio* pelo início da uma investigação de interesse público que, então, será levada a efeito a partir do início da investigação do *dumping*.

Um requerimento de investigação de interesse público, para ser recebido de forma válida e legal, deve ser protocolado no CITT perante sua Secretaria, no prazo de 45 dias a contar da divulgação da decisão que constatou a existência de prejuízo pelo referido Tribunal.[104]

Tal requerimento de investigação de interesse público deve incluir os dados de identificação de pessoa ou empresa; a comprovação de que ocorreu prejuízo pela imposição da medida *antidumping*, indicando o nível em que foi afetado; a comprovação de que a imposição da medida *antidumping* não seria, ou poderia não ser, de interesse público.[105]

---

quaisquer produtos que estão sendo investigados, o Tribunal deverá dar à pessoa a oportunidade de se fazer representar junto ao Tribunal sobre essa questão oralmente, por escrito, ou ambos, enquanto o Tribunal estiver analisando o caso em questão. (tradução nossa).

[104] Subseção 40.1(1) do SIMA.

[105] Subseção 40.1(2) do SIMA.

A defesa nas medidas *antidumping*
por meio do interesse público no Brasil, no Canadá e na União Europeia

Assim, em um requerimento de interesse público no âmbito da legislação *antidumping* canadense, o requerente deve identificar as razões pelas quais entende que a imposição da medida *antidumping*, ou a imposição de tal medida no valor total, não seria, ou poderia não ser de interesse público, o que demonstra que a cláusula de interesse público canadense possui uma forma de identificação do tipo "investigação negativa".

O requerente deve, preferencialmente, basear suas argumentações para comprovação do interesse público em informações e dados que sejam de acesso público, contudo, caso deseje ou necessite fulcrar suas arguições em informações confidenciais, deve fornecer um resumo das mesmas para o CITT, com fulcro no que está previsto na Subseção n. 46 (1) do Ato do CITT.[106]

O quadro abaixo fornece um cronograma indicativo dos principais eventos que devem ser realizados na fase inicial de investigação de interesse público, bem como os prazos estabelecidos para suas práticas, *verbis*:[107]

Quadro 3 – Cronograma indicativo dos principais eventos da fase inicial de investigação de interesse público no Canadá

Prazo (dias)	Principais eventos
Em até 45 dias da data em que a descoberta de prejuízo é emitida pelo CITT.	Protocolo de um requerimento adequadamente instruído pleiteando o início de uma investigação de interesse público.
1	Notificação das partes da investigação de prejuízo e de todos que receberam uma cópia do resultado da existência de prejuízo emitida pelo CITT, da existência de um requerimento, adequadamente instruído, pleiteando o início de uma investigação de interesse público. Divulgação do requerimento para investigação de interesse público no site do CITT.
15	Apresentação das razões e contrarrazões para realização, ou não, da investigação de interesse público.
25	Apresentação das redarguições para realização, ou não, da investigação de interesse público.
35	Publicação do edital de início da investigação de interesse público ou da decisão de não iniciar a investigação de interesse público.
50	Publicação das razões que fundamentam a decisão que negou o início de uma investigação de interesse público.

---

[106] Subseção n. 46 (1) do Ato do CITT.

[107] Disponível em:<http://www.citt.gc.ca/en/Public_Interest_Guidelines_e. Acesso em 15.02.2015>. Acesso em: 15 fev. 2015.

Conforme demonstrado, se o CITT decidir que o requerimento para início da investigação de interesse público estiver devidamente instruído, no primeiro dia útil da fase inicial da investigação, deverá o Tribunal notificar todas as partes que participaram da investigação de prejuízo e todos aqueles que receberam uma cópia da descoberta de prejuízo feita pelo Tribunal, intimando-os a apresentar/protocolar suas razões e/ou contrarrazões para realização ou não da investigação de interesse público.

Cabe ressaltar que o requerimento para início de uma investigação de interesse público devidamente instruído está disponível no *site* do CITT, em seu endereço eletrônico.[108]

As partes, dentro do prazo de 15 dias, a contar da data em que foram notificadas do requerimento para investigação de interesse público, podem apresentar suas razões e contrarrazões para realização ou não da referida investigação, devidamente fundamentadas inclusive com documentos.

Tais razões e contrarrazões têm como objetivo fornecer elementos para que o CITT possa formar e emitir uma decisão sobre a existência de fundamentos razoáveis para considerar a redução ou eliminação das medidas *antidumping* e, consequentemente, iniciar a investigação de interesse público.

Quando houver posicionamentos opostos, cada parte que protocolou suas razões e/ou contrarrazões para realização da investigação de interesse público poderá, dentro do prazo de 25 dias, a contar da data em que foi notificada da manifestação da parte contrária, apresentar sua resposta.

Até o 35º dia da fase inicial da investigação de interesse público, baseado em todas as informações, documentos e requerimentos fornecidos pelas partes, o CITT tomará sua decisão no sentido de identificar se há fundamentos razoáveis para concluir que a imposição da medida *antidumping* e de compensação, ou a imposição de tal medida no seu valor total, não é, ou pode não vir a ser, de interesse público.

Se o CITT decidir que não há fundamentos razoáveis para concluir que a imposição da medida *antidumping*, ou a imposição de tal medida no seu valor total, não é ou pode não vir a ser de interesse público, deve emitir uma decisão explicitando suas razões até o 50º dia, publicando-a, por meio de um edital, no Jornal Oficial Canadense

---

[108] Disponível em: <www.citt-tcce.gc.ca/en/dumping-and-subsidizing/publici-interest-inquiries-section-45/properly-documented-request>. Acesso em: 15 fev. 2015.

(*Canada Gazette*), divulgando-a em seu *site* e, dessa forma, dando por encerrado tal procedimento.

De outra ponta, se o CITT decidir que há fundamentos razoáveis para concluir que a imposição da medida *antidumping* e de compensação, ou a imposição de tal medida, em seu valor total, não é ou pode não vir a ser de interesse público, no 35º dia, deve emitir uma decisão e publicá-la por meio de um edital, dando início à fase investigatória.

No edital de início de uma investigação de interesse público, o CITT deve resumir os eventos principais que foram realizados na fase inicial e que levaram o Tribunal a conduzir uma investigação de interesse público, além de descrever os procedimentos que serão adotados dali para frente, ou seja, na fase de investigação.

O edital informa os fatores que o CITT analisou na fase inicial e que fundamentaram a sua decisão de conduzir uma investigação de interesse público, sendo que deve ser publicado no Jornal Oficial Canadense (*Canada Gazette*) e postado no *site* do Tribunal, além de ser enviado às partes da investigação de prejuízo, bem como para os grupos e pessoas afetadas pelo resultado de prejuízo.

Na condução de uma investigação de interesse público, o CITT pode considerar qualquer fator que considere relevante, incluindo aqueles previstos na subseção 40.1 (3) do Regulamento, que são:

a) a disponibilidade no mercado canadense de produtos com a mesma descrição dos *dumpiados*, e que sejam originários de países ou exportadores aos quais o *dumping* não se aplica;

b) o efeito que a imposição de uma medida *antidumping* tem causado, ou venha a causar, sobre:

b.1) a competição no mercado doméstico;

b.2) os prejuízos aos produtores canadenses que utilizam os produtos *dumpiados* como matéria prima para produzir outros produtos ou fornecer serviços;

b.3) a competição sobre o limite de acesso a produtos que são usados como matéria prima para produzir outros produtos e fornecer serviços, ou tecnologia.

b.4) a escolha ou disponibilidade de produtos a preços competitivos para os consumidores, e

c) o efeito que a redução ou a eliminação das medidas *antidumping* podem vir a causar aos produtores domésticos de matérias-primas, incluindo os de *commodities* primárias usadas na produção de produtos similares; e inclusão de quaisquer outras informações que sejam relevantes às circunstâncias.

O quadro abaixo fornece um cronograma indicativo dos principais eventos que ocorrem na fase de inquérito de uma investigação de interesse público, *verbis:*[109]

Quadro 4 – Cronograma indicativo dos principais eventos da fase investigatória de interesse público no Canadá

Prazo (dias)	Principais eventos
1	Emissão do edital de início da investigação de interesse público e cronograma de eventos. Divulgação dos questionários no site do CITT.
21	Notificações de participação, representação, declarações e garantias de confidencialidade.
21	Respostas aos questionários.
22	Distribuição da listagem de participantes.
50	Distribuição do relatório oficial do CITT, incluindo as respostas aos questionários e o relatório de investigação do CITT.
60	Submissões e afirmações das testemunhas das partes que dão suporte a redução ou eliminação das medidas de *antidumping*.
70	Submissões e afirmações das testemunhas das partes que dão suporte a manutenção das medidas de *antidumping* em seu valor total.
80	Resposta às submissões das partes que dão suporte a redução e ou eliminação das medidas de *antidumping*.
90	Início das audiências orais (se necessário).
100 ou 140*	Emissão do relatório do CITT (opinião, fatos e razões) explicando se a redução das medidas de *antidumping* ou de compensação é de interesse público.

* Em casos onde nenhum questionário é emitido e nenhuma audiência oral é conduzida, o cronograma de recebimento de submissões é reduzido e o CITT procura emitir seu relatório até 100º dia. Em casos mais complexos, onde questionários são emitidos e audiências orais são realizadas, o CITT procura emitir seu relatório até o 140º dia.

Cabe ressaltar que o CITT está autorizado a modificar o cronograma, alterando os prazos estabelecidos acima, dependendo do nível de complexidade do caso. Pode, inclusive, não emitir questionários ou determinar que seja realizada uma audiência entre as partes interessadas.

Qualquer pessoa (física ou jurídica), entidade ou governo que deseje participar como parte numa investigação de interesse público no Canadá deve protocolar um formulário, que se encontra à dispo-

---

[109] Disponível em: <http://www.citt.gc.ca/en/Public_Interest_Guidelines_e>. Acesso em: 15 fev. 2015.

sição no site do CITT[110] (Formulário 1 – Notificação de Participação), perante a secretaria do referido Tribunal, respeitando as datas estabelecidas no cronograma.

Contudo, se tal pessoa (física ou jurídica), entidade ou governo desejar se fazer representar por procurador no processo de investigação de interesse público no Canadá, deverá protocolar outro formulário, que também se encontra à disposição no *site* do CITT[111] (Formulário 2 – Notificação de Representação), também na Secretaria no Tribunal.

Cabe ressaltar, ainda, que a parte que desejar ter acesso a informações e documentos confidenciais constantes do processo de investigação de interesse público no Canadá deverá, obrigatoriamente, fazer-se representar por advogado e protocolar o Formulário n. 3, Declaração e Promessa, também disponível no *site* do Tribunal,[112] ou seja, somente o advogado, na condição de representante da parte, é que poderá ter acesso a tais informações e documentos.

Porém, o CITT se compromete a divulgar uma versão pública das informações e documentos confidenciais para todas as partes que não estejam representadas por procurador.

Num processo de investigação de interesse público no Canadá, cabe ao CITT tomar a decisão sobre a forma como as informações devem ser coletadas, ou seja, se o Tribunal decidir utilizar-se de questionários, estes devem ser disponibilizados em seu *site* (www.citt-tcce. gc.ca) e direcionados aos produtores domésticos, importadores, produtores estrangeiros, governos estrangeiros, empresas de negociação e compradores.

Com base em tais informações, obtidas nos questionários, o CITT, até o 50º dia, elabora um relatório da investigação de interesse público e o disponibiliza às partes, sendo que tal relatório deve conter:

a) o requerimento devidamente instruído para o início de uma investigação de interesse público;

b) as razões e contrarrazões para realização ou não da investigação de interesse público;

c) as redarguições para realização, ou não, da investigação de interesse público;

d) todas as outras informações proteladas junto ao CITT durante a fase inicial da investigação de interesse público;

---

[110] Disponível em: <www.citt-tcce.gc.ca/en/forms>. Acesso em: 15 fev. 2015.

[111] *Ibidem.*

[112] *Ibidem.*

e) o edital de início da investigação de interesse público;

d) respostas aos questionários;

e) relatórios de investigações confidenciais e públicas;

f) relatórios de investigações confidenciais e públicas levadas a efeito na investigação anterior de prejuízo;

g) o resultado de prejuízo;

h) outras informações coletadas de várias fontes.

Cientes do referido relatório de investigação, até o 60º dia, as partes são intimadas a apresentarem, na Secretaria do CITT, as razões que dão suporte à redução ou eliminação das medidas *antidumping* e/ou de compensação e, até o 70º dia, para apresentarem as razões que dão suporte à manutenção delas, em seu valor total.

Até 80º dia, as partes também são intimadas para apresentarem suas contrarrazões e, até o 90º dia, o Tribunal pode promover uma audiência oportunizando às partes e a seus procuradores a oitiva de testemunhas perante o CITT.

Por fim, até o 140º dia (ou até o 100º dia quando o cronograma foi reduzido), o CITT emite um relatório manifestando sua opinião sobre a possibilidade de a redução das medidas *antidumping* e de compensação serem de interesse público.

Tal relatório, por meio de um edital, será publicado no Jornal Oficial Canadense (*Canada Gazzette*), e cópias dele são fornecidas ao Ministro das Finanças canadense e a todas as partes envolvidas na investigação de interesse público. O relatório é também postado no *site* do CITT: www.citt-tcce.gc.ca.

O relatório dirigido ao Ministro das Finanças canadense deverá conter os seguintes dados:

a) o nível de redução das taxas de *antidumping*, ou

b) o preço ou preços que eliminarão o prejuízo, ameaça de prejuízo ou retardação que afeta a indústria doméstica.

Com base nesse relatório, o Ministro das Finanças canadense poderá:

a) acatar e implementar as recomendações do CITT como formuladas ou modificá-las, sendo que, em qualquer das hipóteses, um novo regime de taxação é estabelecido para a Agência de Serviços de Fronteira do Canadá – CBSA – administrar, e qualquer medida de *antidumping* que já tenha sido paga em excesso deve ser reembolsada; ou

b) rejeitar as recomendações do CITT e, consequentemente, determinar que as medidas *antidumping* continuem a viger.

Se o CITT, em sua decisão, chegar à conclusão de que a redução de uma medida *antidumping* não é de interesse público, emitir um relatório delineando o porquê.

3.6. *Antidumping* e interesse público na União Europeia

Os atos legislativos da União Europeia dividem-se em três tipos principais: *regulamentos, diretivas* e *decisões*. Os *regulamentos* são comparáveis às leis nacionais, mas são aplicáveis em todos os países da UE; as *diretivas* fixam os objetivos a atingir, mas deixam aos governos de cada país a escolha dos meios para alcançá-los por meio da legislação nacional; as *decisões* dizem respeito a questões concretas e são aplicáveis apenas à pessoa ou entidade a que se destinam.[113]

A UE, em sua legislação interna sobre *antidumping* (Regulamento – CE n. 1.225/2009 do Conselho, de 30 de novembro de 2009, publicada no Jornal Oficial da União Europeia de 22 de dezembro de 2009, L343/51 – L343/72), denominada *Council Regulation on protection against dumped imports from countries not members of the European Community*,[114] nas disposições constantes do seu artigo 21 – 1 a 7, também fez previsão da cláusula de interesse público que, na UE, até a aprovação do Tratado de Lisboa, era chamado de interesse comunitário, *verbis*:

Article 21

Community interest

1. A determination as to whether the Community interest calls for intervention shall be based on an appreciation of all the various interests taken as a whole, including the interests of the domestic industry and users and consumers, and a determination pursuant to this Article shall only be made where all parties have been given the opportunity to make their views known pursuant to paragraph 2. In such an examination, the need to eliminate the trade distorting effects of injurious dumping and to restore effective competition shall be given special consideration. Measures, as determined on the basis of the dumping and injury found, may not be applied where the authorities, on the basis of all the information submitted, can clearly conclude that it is not in the Community interest to apply such measures.

2. In order to provide a sound basis on which the authorities can take account of all views and information in the decision as to whether or not the imposition of measures is in the Community interest, the complainants, importers and their representative associations, representative users and representative consumer organizations may, within the time-limits specified in the notice of initiation of the anti-dumping investigation,

---

[113] Disponível em: <http://ec.europa.eu//legislation/index>. Acesso em: 30 mar. 2015.

[114] Regulamento relativo à defesa contra as importações objeto de *dumping* dos países não membros da Comunidade Europeia. (tradução nossa).

make themselves known and provide information to the Commission. Such information, or appropriate summaries thereof, shall be made available to the other parties specified in this Article, and they shall be entitled to respond to such information.

3. The parties which have acted in conformity with paragraph 2 may request a hearing. Such requests shall be granted when they are submitted within the time-limits set in paragraph 2, and when they set out the reasons, in terms of the Community interest, why the parties should be heard.

4. The parties which have acted in conformity with paragraph 2 may provide comments on the application of any provisional duties imposed. Such comments shall be received within one month of the application of such measures if they are to be taken into account and they, or appropriate summaries thereof, shall be made available to other parties who shall be entitled to respond to such comments.

5. The Commission shall examine the information which is properly submitted and the extent to which it is representative and the results of such analysis, together with an opinion on its merits, shall be transmitted to the Advisory Committee. The balance of views expressed in the Committee shall be taken into account by the Commission in any proposal made pursuant to Article 9.

6. The parties which have acted in conformity with paragraph 2 may request the facts and considerations on which final decisions are likely to be taken to be made available to them. Such information shall be made available to the extent possible and without prejudice to any subsequent decision taken by the Commission or the Council.

7. Information shall only be taken into account where it is supported by actual evidence which substantiates its validity.[115]

---

[115] *Artigo 21.*
Interesse da Comunidade
1. A fim de se determinar se o interesse da Comunidade requer ou não uma intervenção, deve ter--se em conta uma apreciação dos diversos interesses considerados no seu conjunto, incluindo os interesses da indústria comunitária, dos usuários e dos consumidores, só podendo ser efetuada uma determinação ao abrigo do presente artigo se todas as partes tiverem tido oportunidade de apresentar os seus pontos de vista nos termos do n. 2. Nesse exame, deve ser concedida especial atenção à necessidade de eliminar os efeitos de distorção do comércio provocados por *dumping* que cause prejuízo bem como à necessidade de restabelecer uma concorrência efetiva. Não podem ser aplicadas medidas, tal como determinadas com base no *dumping* e no prejuízo verificados, se as autoridades, com base nas informações facultadas, concluírem claramente que não é do interesse da Comunidade a aplicação de tais medidas.
2. A fim de que as autoridades disponham de uma base sólida que lhes permita levar em consideração todos os pontos de vista e informações para decidir se o interesse da Comunidade requer ou não a criação de medidas, os autores da denúncia, os importadores e as suas associações representativas, os usuários representativos e as organizações de consumidores representativas podem, no prazo previsto no edital de início do inquérito *antidumping*, dar-se a conhecer e fornecer informações à Comissão. Tais informações, ou um resumo adequado das mesmas, devem ser postas à disposição das outras partes mencionadas no presente artigo, que têm a possibilidade de apresentar as suas observações.
3. As partes que tenham atuado em conformidade com o parágrafo n. 2 podem solicitar uma audiência. Estes pedidos podem ser aceitos se tiverem sido apresentados no prazo fixado no parágrafo n. 2 e se especificarem as razões, em termos do interesse da Comunidade, pelas quais as partes devem ser ouvidas.
4. As partes que tenham atuado em conformidade com o parágrafo n. 2 podem apresentar as suas observações sobre a aplicação de quaisquer taxas provisórias criadas. Para serem tomadas em consideração, estas observações devem ser recebidas no prazo de um mês a partir da data de apli-

Aliás, no âmbito da UE na própria exposição de motivos (considerandos) de tal Regulamento, já está referida a preocupação do legislador com o então interesse da Comunidade:

Having regard to the proposal from the Commission,

Whereas:

(34) It is prudent to provide for an administrative system under which arguments can be presented as to whether measures are in the Community interest, including the consumers' interest, and to lay down the time-limits within which such information has to be presented as well as the disclosure rights of the parties concerned.[116]

Na UE, o interesse da Comunidade foi introduzido pela primeira vez na legislação do bloco europeu no ano de 1988, e determinava que "nenhum ato ou decisão de uma instituição europeia é considerado válido se não for identificado o interesse da Comunidade" (Regulamento EC n. 2423/88 – J.O.). L 209/1, de 02.08.1988.[117]

Contudo, com a aprovação do Tratado de Lisboa, que alterou o Tratado da União Europeia, o Tratado que instituiu a Comunidade Europeia e o Tratado que instituiu a Comunidade Europeia de Energia Atômica, os termos "Comunidade" ou "Comunidade Europeia" foram substituídos por "União" ou "União Europeia", *verbis*:

Art. 2º. O Tratado que institui a Comunidade Europeia é alterado nos termos do presente artigo.

1) A denominação do Tratado passa a ter a seguinte redação: Tratado sobre o Funcionamento da União Europeia.

A. ALTERAÇÕES HORIZONTAIS

2) Em todo o Tratado:

---

cação de tais medidas. As observações, ou um resumo adequado das mesmas, devem ser postas à disposição das outras partes que têm a possibilidade de responder a essas observações.
5. A Comissão examina as informações devidamente encaminhadas e determina em que medida serão representativas, devendo os resultados dessa análise, juntamente com um parecer sobre o seu fundamento, ser transmitidos ao comitê consultivo. Os diferentes pontos de vista expressos no comitê são tomados em consideração pela Comissão em qualquer proposta apresentada nos termos do artigo 9.
6. As partes que tenham atuado em conformidade com o parágrafo n. 2 podem solicitar que lhes sejam apresentados os fatos e as considerações com base nos quais poderão ser tomadas as decisões finais. Tais informações são divulgadas na medida do possível e sem prejuízo a qualquer decisão posterior adotada pela Comissão ou pelo Conselho.
7. As informações só serão tomadas em consideração se forem baseadas em elementos de prova concretos, que confirmem a sua validade. (tradução nossa).

[116] Tendo em conta a proposta da Comissão, considerando o seguinte: (34) É razoável prever um sistema administrativo no âmbito do qual possam ser apresentados argumentos relativos a medidas de interesse da Comunidade, incluindo o interesse dos consumidores, e fixar prazos para a apresentação dessas informações, bem como os direitos de divulgação das partes em causa (tradução nossa).

[117] CORDOVIL, Leonor. *Antidumping:* interesse público e protecionismo no comércio internacional. São Paulo: Revista dos Tribunais, 2011, p. 77.

a) Os termos "a Comunidade" ou "a Comunidade Europeia" são substituídos por "a União", os termos "das Comunidades Europeias" ou "da CEE" são substituídos por "da União Europeia" e os adjetivos "comunitário", "comunitária", "comunitários" e "comunitárias" são substituídos por "da União", com exclusão da alínea *c)* do n. 6 do art. 299º, que passa a ser a alínea *c)* do n. 5º do artigo 311º.-A. No que diz respeito ao primeiro parágrafo do artigo 136.º, a alteração só se aplica à menção "A Comunidade"; [...]

Artigo 3º. O presente Tratado tem vigência ilimitada. [...]

Artigo 6º.

1. O presente Tratado é ratificado pelas Altas Partes Contratantes, de acordo com as respectivas normas constitucionais. Os instrumentos de ratificação são depositados junto do Governo da República Italiana

2. O Presente Tratado entra em vigor no dia 1 de Janeiro de 2009, se tiverem sido depositados todos os instrumentos de ratificação ou, na falta desse depósito, no primeiro dia do mês seguinte ao do depósito do instrumento de ratificação do Estado signatário que proceder a esta formalidade em último lugar.[118]

Assim, desde então, o interesse comunitário passou a denominar-se interesse da União.

No âmbito da UE, sempre existiu a preocupação com o interesse público *versus* o interesse concorrencial:

1109. Le temps a passe, les réformes se sont succédeés, le – style européen – s'est largement diffusé et les oppositions originelles, teintées de manichéisme, se sont considérablement nuancées, sous l'éclairage notable du droit compare. Au regard de notre recherche, qu'advient-il dês rapports entre l'État et le marche? Quelles conséquences tirer d'um intéret general englobant désormais les préoccupations concurrentielles, mais toujours fidèles aux intérêts publics?[119]

A análise do interesse da União no âmbito dos procedimentos administrativos de *antidumping* na UE, bem como de todos os demais elementos substantivos de tal medida (*dumping*, prejuízo e nexo de causalidade), ficou a cargo da Comissão Europeia, que é o seu órgão executivo, representando seus interesses no conjunto, e não os interesses específicos da cada país-membro.

As principais funções da CE são:

a) propor legislação perante o Parlamento Europeu e o Conselho de Ministros;

---

[118] PAIS, Sofia Oliveira. *Direito da União Europeia*: Legislação e Jurisprudência Fundamentais. Portugal, Lisboa: Quid Juris, 2014, p. 175.

[119] Conforme o tempo passa, as reformas foram bem sucedidas, o – estilo europeu – foi amplamente divulgado e da oposição original, batizada de maniqueísmo, têm iluminação consideravelmente diferenciada sob a lei comparativa significativa. À luz da nossa pesquisa, o que acontece com a relação entre o Estado e o mercado? Que consequências derivam de um interesse geral, agora, abrangendo as preocupações de concorrência, mas sempre fiel aos interesses públicos? (CLAMOUR, Guylain. *Intérêt général et concurrence* – Essai sur la pérennité du droit public em économie de marche. Paris, Dalloz, 2006, p. 640, tradução nossa).

b) assegurar o cumprimento do direito europeu, se necessário com a intervenção do Tribunal da União Europeia;

c) estabelecer objetivos de prioridades de ação anuais;

d) gerir e executar as políticas e o orçamento europeu;

e) representar a União Europeia no exterior, inclusive negociando acordos comerciais.

Um Comitê de Defesa Comercial dá assistência à CE para investigação e adoção das medidas *antidumping*. Composto por representantes dos Países-Membros da EU, funciona como um fórum de discussão entre a CE e os Países-Membros. Seu parecer deve, obrigatoriamente, fazer parte do procedimento administrativo de *antidumping*.[120]

Um inquérito que tenha por objetivo determinar a existência, a amplitude e os efeitos de uma alegada prática de *dumping* na UE é iniciado a partir de denúncia por escrito, apresentada por qualquer pessoa, singular ou coletiva, bem como por qualquer associação que atue em nome da indústria comunitária.

A denúncia pode ser dirigida diretamente à CE ou a um Estado-Membro da UE, que a transmite à CE, sendo que o próprio Estado-Membro pode dar início a uma investigação de prática de *dumping*, perante a Comissão.

Uma denúncia deve incluir elementos de prova do *dumping*, de prejuízo e de nexo de causalidade entre as importações alegadamente objeto de *dumping* e o prejuízo. De acordo com art. 3º do referido Regulamento, entende-se por prejuízo, salvo disposição em contrário, um prejuízo importante para a indústria comunitária ou um atraso importante na criação dessa indústria.

É ver-se que a determinação da existência de prejuízo deve basear-se em elementos de prova positivos e incluir um exame objetivo:

a) do volume das importações objeto de *dumping* e do seu efeito nos preços dos produtos similares no mercado da União Europeia;

b) da repercussão dessas importações na indústria comunitária, além de informações sobre:

c) a identidade do autor da denúncia e uma descrição do volume e do valor da produção da UE em questão;

d) uma descrição completa do produto *dumpiado*, o país de origem, a identidade de cada produtor, exportador e importador conhecido;

---

[120] Regulamento CE n. 1.225/2009, OJ L 208, 22.12.2009, (6), p. 60.

e) informações relativas a preços de venda do produto ao consumidor nos mercados internos do país de origem ou de exportação, e aos preços de exportação do produto *dumpiado*;

f) informações relativas a alterações do volume das importações do produto *dumpiado* e os efeitos dessas importações nos preços do produto similar na UE.

Caso tais elementos, a juízo da CE, se constituam em matéria de prova suficientes, e caso se conclua que a denúncia foi apresentada pela indústria comunitária ou em seu nome, haverá a determinação no sentido de que o inquérito seja iniciado.

Contudo, considera-se que a denúncia foi apresentada pela indústria comunitária ou em seu nome, se for apoiada por produtores comunitários cuja produção conjunta represente mais de 50% da produção total do produto similar produzido pela parte da indústria comunitária que manifestou o seu apoio à denúncia de *dumping*.

Importante ressaltar, também, que não será iniciado qualquer inquérito quando os produtores da União Europeia que apoiem expressamente a denúncia de *dumping* representem menos de 25% da produção total do produto similar produzido pela indústria comunitária.

Assim, pode-se concluir que os elementos "de prova de existência de *dumping* e de prejuízo são examinados simultaneamente para se decidir se deve ou não dar início a um inquérito" (art. 5º. 7, do Regulamento-CE n. 1.225/2009).

Verificando-se que existem elementos de prova suficientes para justificar o início de uma investigação, a CE dá início ao procedimento administrativo de investigação de prejuízo e de *dumping*, num prazo máximo de 45 (quarenta e cinco) dias a contar da data do protocolo da denúncia, e publica no Jornal Oficial da União Europeia o edital de início da investigação, indicando o produto investigado, os países envolvidos na investigação e um resumo das informações recebidas na denúncia.

O edital estabelecerá os prazos em que as partes interessadas podem dar-se a conhecer, apresentar suas observações por escrito e apresentar as informações que desejam ver consideradas no decorrer do inquérito, bem como o prazo para que as partes requeiram a realização de uma audiência perante a UE.

A UE notifica os exportadores, os importadores, as associações representativas de importadores ou de exportadores reconhecidos como interessados, os representantes do país de exportação, os autores da denúncia e as organizações representativas de consumidores sobre o início do processo administrativo, então inicia as investigações em colaboração com os Estados-Membros da UE, sendo que o inquérito deve ter um período de duração máximo de 6 (seis) meses.

Durante o período de inquérito, a CE pode enviar "questionários", devidamente nominados do Regulamento-CE nº 1.225/2009 como "consultas", às partes interessadas, devidamente nominadas e identificadas no edital, e estas dispõem de um prazo de 30 (trinta) dias para fornecer suas respostas, sendo que a CE pode, também, requerer que os Países-Membros da UE lhe forneçam informações e que efetuem verificações junto aos importadores, comerciantes e produtores da UE.

Os referidos questionários devem versar sobre as seguintes questões:

a) a existência de *dumping* e os métodos de determinação de margem de *dumping*;

b) a existência e a importância do prejuízo;

c) o nexo de causalidade entre as importações objeto de *dumping* e o prejuízo;

d) as medidas que, tendo em conta as circunstâncias, forem adequadas para prevenir ou remediar o prejuízo causado pelo *dumping*, bem como sobre os meios e normas de aplicação dessas medidas, começando, aí, a fase de investigação do interesse da União Europeia.

Assim, a análise do interesse da União Europeia no âmbito de uma investigação de *dumping* na UE acaba constituindo-se em procedimento especial, ao "qual é dado peso equivalente àquele da análise do *dumping*, dano e nexo causal".[121]

Os agentes da CE podem atuar em conjunto com os agentes dos Países-Membros da UE no exercício de suas funções investigatórias, sendo que a própria CE pode sair a campo realizando visitas com o objetivo de confirmar as informações que lhes foram prestadas pelas partes interessadas, além de ela própria realizar investigações em países terceiros, que não estão nominados e identificados no edital de abertura da investigação.

A CE pode, também, marcar audiências para ouvir as partes interessadas, bem como organizar audiências para permitir que as partes façam a confrontação de suas argumentações.

---

[121] CORDOVIL, Leonor. *Antidumping:* interesse público e protecionismo no comércio internacional. São Paulo: Revista dos Tribunais, 2011, p. 77.

Num prazo máximo de 15 (quinze) meses do início da apresentação da denúncia, o procedimento administrativo de investigação da existência de prejuízo e da prática de *dumping* deve ser encerrado, e, se a conclusão definitiva da UE for no sentido de que não se justifica a aplicação de nenhuma medida de defesa, o mesmo será arquivado.

No entanto, o referido procedimento administrativo de investigação da existência de prejuízo e da prática de *dumping*, no mesmo prazo, também pode ser encerrado quando for identificada a existência de prejuízo insignificante à indústria da UE, bem como quando forem oferecidos compromissos de preços e práticas aceitáveis pela CE, sendo que tais compromissos podem-se revestir na forma de um preço mínimo de importação que tenha o condão de eliminar os efeitos prejudiciais do *dumping*.

De outra ponta, ao final do procedimento administrativo de investigação da existência de prejuízo e da prática de *dumping*, no mesmo prazo acima referido, podem ser instituídas medidas provisórias e definitivas de *antidumping* quando, efetivamente, restar confirmada a existência de prejuízo à indústria da UE e a prática de *dumping*, mas, apenas e tão somente, se não afrontar o interesse da comunidade europeia, o que será analisado, principalmente, por meio das respostas aos referidos questionários (art. 15, 1 a 4, do Regulamento-CE n. 1.225/1999).

No que concerne às medidas provisórias de *antidumping* no âmbito da UE, o art. 7º do Regulamento – CE n. 1.225/2009 estabelece:

Article 7º.

Provisional measures

1. Provisional duties may be imposed if proceedings have been initiated in accordance with Article 5, if a notice has been given to that effect and interested parties have been given adequate opportunities to submit information and make comments in accordance with Article 5(10), if a provisional affirmative determination has been made of dumping and consequent injury to the Community industry, and if the Community interest calls for intervention to prevent such injury. The provisional duties shall be imposed no earlier than 60 days from the initiation of the proceedings but no later than nine months from the initiation of the proceedings.[122]

---

[122] *Artigo 7º.*

Medidas provisórias

1. Podem ser aplicadas taxas provisórias se tiver sido iniciado um processo nos termos do artigo 5º, se um edital tenha sido publicado com tal efeito e as partes interessadas tenham tido a possibilidade de prestar informações e apresentar observações, nos termos do nº 10 do artigo 5º, e desde que tenha sido determinada provisoriamente a existência de *dumping* e do consequente prejuízo para a indústria comunitária *e o interesse da Comunidade justifique uma intervenção a fim de evitar tal prejuízo*. As taxas provisórias não serão criadas antes de decorridos 60 dias a contar da data do início do processo nem nove meses após essa data. (tradução nossa).

Assim, resta demonstrado, de forma clara e inequívoca, que as medidas provisórias de *antidumping* só serão aplicadas no território da UE se o interesse da comunidade justificar uma intervenção a fim de evitar o prejuízo; caso contrário, não.

No mesmo sentido, na UE, quando os fatos definitivamente estabelecidos provarem a existência de *dumping* e de prejuízo dele decorrente, só será instituída uma medida *antidumping* definitiva se o interesse da comunidade justificar uma intervenção, nos termos do art. 9°, 1 e 4, do Regulamento-CE n. 1.225/2009:

Article 9

Termination without measures; imposition of definitive duties

1. Where the complaint is withdrawn, the proceeding may be terminated unless such termination would not be in the Community interest.

4. Where the facts as finally established show that there is dumping and injury caused thereby, and the Community interest calls for intervention in accordance with Article 21, a definitive anti-dumping duty shall be imposed by the Council, acting on a proposal submitted by the Commission after consultation of the Advisory Committee. The proposal shall be adopted by the Council unless it decides by a simple majority to reject the proposal, within a period of one month after its submission by the Commission. Where provisional duties are in force, a proposal for definitive action shall be submitted no later than one month before the expiry of such duties. The amount of the anti-dumping duty shall not exceed the margin of dumping established but it should be less than the margin if such lesser duty would be adequate to remove the injury to the Community industry.[123]

Na EU, as medidas *antidumping* provisórias ou definitivas são estabelecidas por regulamento e cobradas pelos Estados-Membros, sendo que, de acordo com o interesse da comunidade, tais medidas podem, após consulta endereçada ao Comité Consultivo, ser suspensas por uma decisão da CE, por um período de 9 (nove) meses.

Então, a cláusula do interesse da comunidade no âmbito da UE é considerada como uma quarta condição (as outras são *dumping*, pre-

---

[123] *Artigo 9°.*
Encerramento do processo sem criação de medidas; criação de taxas definitivas.
1. Sempre que seja retirada a denúncia, o processo pode ser encerrado, a menos que esse encerramento não seja do interesse da Comunidade.
4. Quando os fatos definitivamente estabelecidos provarem a existência de *dumping* e de prejuízo dele decorrente e o interesse da Comunidade justificar uma intervenção, nos termos do artigo 21°, é instituída, pelo Conselho, uma taxa *antidumping* definitiva, sob proposta da Comissão, após consulta do comité consultivo. A proposta é aprovada pelo Conselho, exceto se este, deliberando por maioria simples, decidir rejeitá-la, no prazo de um mês a contar da data da sua apresentação pela Comissão. Quando estiverem em vigor taxas provisórias, é apresentada uma proposta de medidas definitivas, o mais tardar, um mês antes da data de caducidade das referidas taxas. O montante da taxa de *antidumping* não deverá exceder a margem de *dumping* estabelecida, devendo, no entanto, ser inferior à margem de *dumping*, caso uma taxa inferior seja suficiente para eliminar o prejuízo para a indústria comunitária. (tradução nossa).

juízo e nexo de causalidade) a ser satisfeita como requisito para imposição de uma medida ou direito *antidumping*.[124]

Para se identificar se está presente ou não o interesse da comunidade, a CE deve apreciar diversos interesses e considerá-los em conjunto, incluindo os interesses da indústria doméstica (comunitária), dos usuários industriais e dos consumidores e suas associações, oportunizando que todas essas partes possam apresentar seus argumentos e pontos de vista (art. 21, 1, RCE n. 1.225/2009).

No mesmo sentido, a CE deve oportunizar o contraditório concedendo às partes contrárias oportunidade e prazo para contestarem tais argumentos e pontos de vista, sendo que após o CE poderá conceder uma audiência entre as partes.

No exame do interesse da comunidade, deve ser concedida especial atenção à necessidade de eliminarem-se os efeitos de distorção do comércio provocados por *dumping* que cause prejuízo, bem como à necessidade de restabelecer-se uma concorrência efetiva.

Assim, não podem ser aplicadas medidas *antidumping*, sejam definitivas ou provisórias, mesmo que presentes *dumping*, prejuízo e nexo de causalidade, se a CE concluir que não é do interesse da comunidade a aplicação das mesmas.

No que concerne à aplicação de medidas provisórias ou definitivas de *antidumping*, as partes que atuaram em conformidade com o item 21.2 do Regulamento-CE n. 1.255/2009 podem apresentar seus argumentos e pontos de vista no que dizem respeito ao interesse da comunidade, sendo que o UE só os levará em consideração se forem protocolados no prazo máximo de 30 (trinta) dias a contar da data da aplicação da referida medida provisória *antidumping*.

A CE deve, então, examinar tais argumentos e pontos de vista quanto ao interesse da comunidade e determinar em que medida são importantes, devendo o resultado dessa análise, com seus fundamentos, ser expresso em um parecer que deve ser submetido ao Comitê Consultivo da Comunidade Europeia.

Dessa forma, considera-se que deve haver um equilíbrio entre os benefícios para a indústria doméstica (comunitária) e os impactos negativos das medidas de defesa comercial, razão pela qual, caso se

---

[124] MONTEIRO, Carmen. GALVÃO, Letícia. *Interesse Público: critérios para consideração em processos de investigação antidumping*. Ministério da Fazenda. Secretaria de Acompanhamento Econômico do Ministério da Fazenda. Documento de Trabalho n. 44. Dezembro de 2006, p.3. Disponível em: <http://www.seae.fazenda.gov.br/notas-a-imprensa/pdfs/Guia%20Interesse%20Publico_jan2014.pdf>. Acesso em: 16 fev. 2015.

verifique que as medidas serão insuficientes para a recuperação do dano, elas não são impostas com base no interesse da comunidade.

Cabe ressaltar que a análise do interesse da União Europeia pode ocorrer, também, em procedimentos administrativos de revisão de medidas *antidumping*, oportunidade em que, se restar demonstrado que se as medidas aplicadas geraram efeitos substancialmente diferentes daqueles imaginados quando da primeira decisão da CE, o interesse da União pode determinar sua extinção.

Assim, na EU, no âmbito dos procedimentos administrativos de medidas *antidumping*, o interesse da União deve ser investigado e analisado tomando-se por base as respostas aos referidos "questionários", chamados de "consultas", juntamente com os seguintes critérios:

a) a incapacidade da indústria doméstica de suprir a demanda do produto *dumpiado*;

b) evidências de que a indústria doméstica irá se desenvolver com a aplicação das medidas *antidumping*;

c) a posição, favorecida ou não, da indústria doméstica, ou seja, se é factível a entrada de outro fornecedor no território da UE;

d) o setor industrial interessado na aplicação da medida *antidumping* sobre o qual haverá maior impacto em emprego e renda (o que fabrica o produto *dumpiado*; o que o utiliza como insumo para fabricação de outros produtos; ou, ainda, o que operacionaliza sua importação);

e) a substituição de uma importante parcela das importações a preço de *dumping* por importações de outros países não *dumpiados*;

f) a existência de manifestação de associações de consumidores;

g) a capacidade da indústria doméstica de se desenvolver durante a aplicação das medidas *antidumping*;

h) a proteção do setor industrial com a aplicação das medidas *antidumping* é estratégica para economia da UE;

i) a diminuição da oferta de produtos (opção de escolha) para os consumidores combinado com aumento de preços;

j) a possibilidade de ter havido prática, pelo setor industrial que teve o benefício da medida *antidumping*, durante o período de sua vigência, de qualquer ato que possa ser caracterizado como aproveitamento da situação.

Confira-se, a propósito, fluxograma dos principais atos e prazos previstos pelo Regulamento CE n. 1.225/2009, referente ao procedimento administrativo de *dumping*, prejuízo, nexo de causalidade e interesse da comunidade, retirado do *site* da Comissão Europeia:[125]

Fluxograma 1 – Principais atos e prazos previstos pelo Regulamento CE n. 1.225/09, referentes ao procedimento administrativo de *dumping*

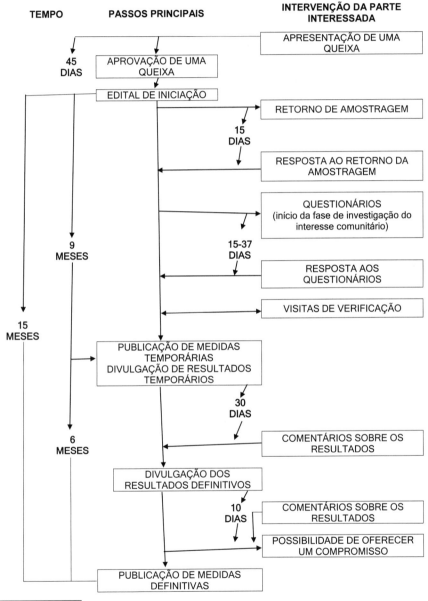

[125] Disponível em: <http://ec.europa.eu/trade/policy/accessing-markets/trade-defence/actions-against-imports-into-the-eu/anti-dumping/>. Acesso em: 24 mar. 2015.

3.7. *Antidumping* e interesse público no Brasil

A regulamentação do interesse público no Brasil como um quarto requisito para instituição de medidas *antidumping* se deu por meio de uma legislação específica (Decreto n. 8.058/2013), não obstante a Lei n. 9.784/1999 estabelecer que o mesmo se constitui num princípio que deve ser obedecido pela Administração Pública Federal em todos processos administrativos.

A instituição das medidas *antidumping* ocorre por intermédio de Resoluções da CAMEX que, inclusive, regulamentaram a criação e o funcionamento do GTIP.

3.7.1. *A questão do interesse público no Brasil no âmbito dos processos administrativos originários da administração pública direta e indireta federal*

Cabe ressaltar que, no Brasil, a Lei n° 9.784, de 29 de janeiro de 1999, informa e regula todo o processo administrativo da administração direta e indireta federal, inclusive no que diz respeito aos Poderes Executivo, Legislativo e Judiciário no âmbito de suas atribuições administrativas, abrangendo desde a matéria disciplinar até as investigações e aplicação de medidas *antidumping*. Igualmente, introduz normas gerais para o procedimento administrativo e estabelece critérios processuais, direitos e deveres aos administrados.

Neste sentido, confiram-se as disposições constantes do art. 1° da Lei n. 9.784/99:

> Art. 1º Esta Lei estabelece normas básicas sobre o processo administrativo no âmbito da Administração Federal direta e indireta, visando, em especial, à proteção dos direitos dos administrados e ao melhor cumprimento dos fins da Administração.
>
> § 1º Os preceitos desta Lei também se aplicam aos órgãos dos Poderes Legislativo e Judiciário da União, quando no desempenho de função administrativa.
>
> § 2º Para os fins desta Lei, consideram-se:
>
> I – órgão – a unidade de atuação integrante da estrutura da Administração direta e da estrutura da Administração indireta;
>
> II – entidade – a unidade de atuação dotada de personalidade jurídica;
>
> III – autoridade – o servidor ou agente público dotado de poder de decisão.

Desta forma, a Lei n° 9.784/1999 veio dispor sobre normas básicas para o procedimento administrativo no âmbito da Administração Federal, com vistas à proteção dos direitos dos administrados e o melhor cumprimento dos fins da Administração, sendo que sua vigência se iniciou a partir de sua publicação, em 1° de fevereiro de 1999.

Verifica-se que, com a edição da Lei, a Administração Pública buscou estabelecer regras básicas que norteassem sua atuação e seu relacionamento com os particulares no procedimento administrativo. Não obstante a existência de regras específicas de cada área de atuação da Administração Pública, as normas gerais padronizam o regramento básico do procedimento administrativo, conferindo, dessa forma, uniformidade ao sistema processual.

Insere-se, portanto, nos domínios do Direito Público, em que a atenção ao interesse da sociedade é primordial, e a tutela do mesmo constitui o fim principal do preceito obrigatório, sendo que, nesse sentido, a Lei n° 9.784/1999 alberga, em seu artigo 2°, *caput*, parágrafo único, inciso II, dentre outros, o princípio do interesse público, como um dos princípios reitores da Administração Pública, *verbis*:

Art. 2º. A Administração Pública obedecerá, dentre outros, *aos princípios* da legalidade, finalidade, motivação, razoabilidade, proporcionalidade, moralidade, ampla defesa, contraditório, segurança jurídica, *interesse público* e eficiência.

Parágrafo único. Nos processos administrativos serão observados, entre outros, os critérios de: [...]

III – objetividade no atendimento do *interesse público*, vedada à promoção pessoal de agentes ou autoridades;

A função da Lei n° 9.784/1999 é, portanto, complementar o desenho constitucional conferido à atuação da Administração Pública, dando coerência ao sistema, de modo a torná-lo compatível com o atual estágio de evolução do processo administrativo brasileiro.

Dessa forma, pode-se concluir que, no Brasil, com fulcro nas disposições constantes artigo 2°, *caput*, parágrafo único, inciso II, da referida Lei, o interesse público, elevado à condição de princípio, deve ser observado em todos os procedimentos administrativos da administração direta e indireta federal, inclusive aos relativos à investigação e à aplicação de medidas *antidumping*.

3.7.2. A questão do interesse público no Brasil no âmbito dos processos administrativos relativos à investigação e à aplicação de medidas antidumping

No âmbito da legislação nacional, a ata final que incorporou os resultados da Rodada Uruguai de negociações comerciais multilaterais do GATT/1994 foi aprovada pelo Decreto Legislativo n. 30, de 15 de dezembro de 1994, e promulgada pelo Decreto n. 1.355, de 30 de dezembro de 1994, ou seja, o Acordo *Antidumping*, ou melhor, o Acordo sobre a Implementação do Artigo VI do Acordo Geral sobre Tarifas e Comércio (GATT/1994), foi incorporado ao ordenamento jurídico brasileiro[126] da seguinte forma, *verbis*:

Decreto n. 1.355/1994

Promulga a Ata Final que Incorpora os Resultados da Rodada Uruguai de Negociações Comerciais Multilaterais do Gatt.

O Presidente da República, no uso de suas atribuições, e

Considerando, que o Congresso Nacional aprovou, pelo Decreto Legislativo n. 30, de 15 de dezembro de 1994, a Ata Final que Incorpora os Resultados da Rodada Uruguai de Negociações Comerciais Multilaterais do Gatt, Assinada em Marraqueche, em 12 de abril de 1994;

Considerando que o Instrumento de Ratificação da referida Ata Final pela República Federativa do Brasil foi depositado em Genebra, junto ao Diretor-Geral do Gatt, em 21 de dezembro de 1994;

Considerando que a referida Ata Final entra em vigor para a República Federativa do Brasil em 1º de janeiro de 1995, decreta:

Art. 1º. A Ata Final que Incorpora os Resultados da Rodada Uruguai de Negociações Comerciais Multilaterais do Gatt, apensa por cópia ao presente Decreto, será executada e cumprida tão inteiramente como nela se contém.

Art. 2º. Este Decreto entra em vigor na data de sua publicação, revogadas as disposições em contrário.

Brasília, 30 de dezembro de 1994; 173º da Independência e 106º da República.

Diário Oficial da União de 31/12/94.

[...]

ACORDO SOBRE A IMPLEMENTAÇÃO DO ARTIGO VI DO ACORDO GERAL SOBRE TAFICAS E COMÉRCIO 1994

Os Membros, por este instrumento, acordam o seguinte:

PARTE I

Artigo 1

Princípios

Medidas *antidumping* só poderão ser aplicadas nas circunstâncias previstas no Artigo VI do Gatt 1994 e de acordo com investigações iniciadas e conduzidas segundo o disposto neste Acordo. As disposições a seguir regem a aplicação do Artigo VI do Gatt 1994 no caso de vir a ser iniciada ação ao abrigo de legislação ou regulamentos *antidumping*.

Artigo 2

---

[126] HEES, Felipe; VALLE, Marília Castañon Penha Valle (orgs.). *Dumping, subsídios e salvaguardas: revisitando aspectos técnicos dos instrumentos de defesa comercial*. São Paulo: Singular, 2012, p. 269.

Determinação de *Dumping*

1. Para as finalidades do presente Acordo, considera-se haver prática de *dumping*, isto é, oferta de um produto no comércio de outro país a preço inferior, a seu valor normal, no caso de o preço de exportação do produto ser inferior àquele praticado, no curso normal das atividades comerciais, para o mesmo produto quando destinado ao consumo no país exportador. [...]

Artigo 9

Imposição e Cobrança de Direitos *Antidumping*

1. São da competência das autoridades do Membro importador a decisão sobre a imposição ou não de direito *antidumping*, quando estiverem preenchidos os requisitos necessários, e a decisão sobre o montante do direito *antidumping* a ser imposto será a totalidade da margem de *dumping* ou menos do que esse valor. É desejável que o direito seja facultativo no território de todos os Membros e que seu montante seja menor do que a margem de *dumping*, caso tal valor inferior seja suficiente para eliminar o dano à indústria nacional.[127] (grifou-se)

Então, após sua internalização, a Lei n. 9.019, de 30 de dezembro de 1995, estabeleceu em território nacional as condições para aplicação das medidas *antidumping*, e o Decreto n. 1.602, de 23 de agosto de 1995, regulamentou as normas que disciplinaram os procedimentos administrativos relativos à investigação e à aplicação de medidas *antidumping* em território nacional.

Contudo, o Decreto exarado pelo Poder Executivo, n. 8.058, de 26 de julho de 2013, publicado no Diário Oficial da União em 29 de julho de 2013, p. 25,[128] estabeleceu e regulamentou toda a caracterização e aplicação de medidas *antidumping* no Brasil, substituindo a legislação anterior.

De acordo com o referido Decreto, "poderão", e não "deverão", ser aplicadas medidas *antidumping* quando a importação de produtos objeto de *dumping* causar dano à indústria doméstica (art. 1º), tudo de acordo com as investigações iniciadas e conduzidas em conformidade com o disposto neste Decreto (art. 1º, § 1º).

Competirá, então, ao Conselho da Câmara de Comércio Exterior – CAMEX –, com base nas recomendações contidas em parecer do Departamento de Defesa Comercial da Secretaria de Comércio Exterior do Ministério do Desenvolvimento – DECOM –, a decisão de:

a) aplicar ou prorrogar medidas *antidumping* provisórias ou definitivas;

---

[127] GUEDES, Josefina Maria M.M.; PINHEIRO, Silvia, M. *Antidumping subsídios e medidas compensatórias*. 3. ed. São Paulo: Aduaneiras, 2002, p. 142/170.

[128] Disponível em: <http://www.planalto.gov.br/CCIVIL_03/_Ato2011-2014/2013/Decreto/D8058.htm>. Acesso em: 10 fev. 2015.

b) homologar ou prorrogar compromissos de preços; determinar a cobrança retroativa de medidas *antidumping* definitivas;

c) determinar a extensão de medidas *antidumping* definitivas;

d) estabelecer a forma de aplicação de medidas *antidumping* e de sua eventual alteração;

e) suspender a investigação para produtores ou exportadores para os quais tenha sido homologado compromisso de preço;

f) suspender a exigibilidade de direito *antidumping* definitivo aplicado, mediante a exigência de depósito em dinheiro ou fiança bancária, assim como determinar a retomada da cobrança do direito e a conversão das garantias prestadas.

Cabe destacar, ainda, que compete à Secretaria de Comércio Exterior do Ministério do Desenvolvimento, Indústria e Comércio Exterior – SECEX – proceder:

a) ao início da investigação *antidumping*;

b) ao encerramento da investigação sem aplicação de medidas;

c) a prorrogar o prazo para a conclusão da investigação;

d) ao encerramento, a pedido do peticionário, da investigação sem julgamento de mérito, e ao arquivamento do processo;

f) ao início de uma revisão da medida *antidumping* definitiva ou de compromisso de preços;

g) à extinção da medida *antidumping* nas hipóteses de determinação negativa.

Dessa forma, pode-se concluir que o Conselho de Ministros da Câmara de Comércio Exterior (CAMEX) é o órgão responsável por aplicar as medidas *antidumping*; o Departamento de Defesa Comercial da Secretaria de Comércio Exterior do Ministério do Desenvolvimento, Indústria e Comércio Exterior (DECOM) é o órgão responsável pela investigação e condução do processo administrativo; e a Secretaria de Comércio Exterior do Ministério do Desenvolvimento, Indústria e Comércio Exterior (SECEX) é o órgão responsável por iniciar, prorrogar, revisar e encerrar a investigação do *dumping*.

Já o interesse público foi inserido, de forma específica, no âmbito dos procedimentos administrativos relativos à investigação e à aplicação de medidas *antidumping*, no Brasil, através do art. 3º do Decreto n. 8.058/2013.

Tal dispositivo determina que, em circunstâncias excepcionais, o Conselho de Ministros poderá, em razão do interesse público: suspender, por até um ano, prorrogável uma única vez por igual período, a exigibilidade de medida *antidumping* definitiva, ou de compromisso de preços, em vigor; não aplicar medida *antidumping* provisória; ou homologar compromissos de preços ou aplicar medida *antidumping* definitiva em valor diferente do que o recomendado.

No mesmo sentido, o § 3º do referido artigo determina que os setores industriais usuários do produto objeto da investigação e as organizações de consumidores poderão fornecer informações julgadas relevantes a respeito dos efeitos de uma determinação positiva de *dumping*, de dano e de nexo de causalidade entre ambos.

O § 4º assevera que as informações fornecidas nos termos do § 3º deverão ser endereçadas à Secretaria Executiva da CAMEX e serão consideradas no processo de tomada de decisão relativo a interesse público.

De acordo com o disposto no § 5º, a análise de interesse público deverá observar os procedimentos estabelecidos em ato específico publicado pela CAMEX, e as decisões do Conselho de Ministros, inclusive as amparadas em interesse público, com fulcro no § 6º, deverão sempre se fazer acompanhar de fundamentação que as motivou.

Assim, a exegese do Decreto n. 8.058/2013, em razão do quanto asseverado no § 5º do art. 3º, deve ser feita em conjunto com as Resoluções da CAMEX n. 13 e n. 50, de 2012, e n. 27, de 2015.

Pois bem, o Grupo Técnico de Avaliação do Interesse Público (GTIP) foi instituído por meio da Resolução n. 13 da CAMEX, de 29 de fevereiro de 2012, publicada no Diário Oficial da União de 1º de março de 2012,[129] com o objetivo de analisar a suspensão ou alteração de medidas *antidumping* e compensatórias definitivas, bem como sua não aplicação, por razões de interesse público.

O GTIP será composto por representantes dos Ministérios que integram a CAMEX e presidido pela Secretaria Executiva dessa Câmara, sendo que um representante do DECOM participará das reuniões do GTIP como convidado, objetivando fornecer os dados não confidenciais necessários à análise do Grupo.

A Secretaria do GTIP será exercida pela SEAE/MF, que proverá os meios necessários ao seu funcionamento, e caberá à Presidência convocar, por meio de sua Secretaria, as reuniões do Grupo.

À SEAE/MF foi atribuída a importante função de receber os pleitos referentes à análise de interesse público, instituir os processos e elaborar a análise técnica, que é submetida à apreciação dos membros do GTIP que, por sua vez, podem decidir se instauram ou não a aná-

---

[129] Disponível em: <http://www.camex.gov.br/legislacao/interna/id/875>. Acesso em: 02.06.2015.

lise de interesse público durante o procedimento administrativo de investigação de *dumping*.

O GTIP não representa uma instância para recurso ou reconsideração no processo administrativo de *antidumping* em relação às decisões da CAMEX, cabendo-lhe apenas analisar o impacto que a medida poderá causar sobre a economia como um todo, buscando identificar seus efeitos sobre outros agentes econômicos além da indústria doméstica, denunciante do *dumping*.

A Resolução n. 50 da CAMEX, de 05 de julho de 2012, publicada no Diário Oficial da União de 09 de julho de 2012,[130] estabeleceu um roteiro para pedidos de suspensão ou alteração de medidas *antidumping* e compensatórias definitivas, bem como para não aplicação de medidas, por razões de interesse público no Brasil, acompanhando as diretrizes internacionais, fazendo a sua divisão em 6 (seis) etapas.

Na primeira etapa, intitulada *"Dados sobre a empresa ou entidade"*, é feita a identificação da indústria ou entidade responsável pelo pleito de análise de interesse público no processo administrativo de *antidumping*, para o qual serão solicitados esclarecimentos ou informações complementares caso a SEAE/MF e/ou outros órgãos membros do GTIP julgarem necessários.

O objetivo da segunda etapa, denominada de *"Caracterização do produto/setor/cadeia afetado pela medida de defesa comercial"*, é esclarecer quem serão os atores que sentirão as consequências da aplicação da medida *antidumping*, já que tal medida poderá ser aplicada em relação a matérias-primas ou bens intermediários utilizados pelas indústrias locais em seus processos produtivos e, nesse caso, o impacto das mesmas nas indústrias locais pode ser identificado, primeiramente, pelo aumento do custo de produção, influenciando sua competitividade.

Já a não aplicação e/ou suspensão ou alteração de medidas *antidumping* podem ter efeito adverso sobre o segmento industrial, seja de matérias-primas e/ou componentes, na medida em que o desempenho econômico do mesmo depende, em boa parte, do desenvolvimento da indústria doméstica que figura como autora da medida *antidumping*.

Importantíssimo, então, que a análise de interesse público no âmbito do procedimento administrativo de *antidumping* seja composta de uma descrição detalhada da cadeia produtiva do produto que será *dumpiado*, para que se possa ter uma visão clara e completa da

---

[130] Disponível em: <http://www.camex.gov.br/legislacao/interna/id/939>. Acesso em: 02.06.2015.

importância de cada um dos atores que serão afetados pela medida e a ligação entre eles.

A terceira etapa, batizada de *"Justificação do pedido de suspensão por interesse público/nacional"*, é a dedicada à demonstração técnica das razões pelas quais o interesse público nacional deve ser levado em consideração no procedimento administrativo de *antidumping*, sendo que as justificativas deverão ser comprovadas através de estudos empíricos e levantamentos que utilizem técnicas econométricas e que, principalmente, não sejam justificativas de forma genérica.

Nessa etapa, então, poderá ser demonstrado o impacto que as medidas poderão causar sobre o emprego e a renda dos funcionários das indústrias e empresas comerciais que poderão ser afetadas pela medida *antidumping*.

A quarta etapa é a dedicada a estabelecer as *"Condições de mercado do produto afetado pela medida antidumping"*, sendo importante destacar que tal análise deve ser procedida em relação ao produto que sofrerá as consequências da aplicação da medida *antidumping*, e não em relação ao produto *dumpiado*, tudo por meio do exame das condições de oferta e demanda do segmento.

Cabe ressaltar que tais informações têm por objetivo determinar:

a) qual a relevância do produto para cadeira produtiva como um todo;

b) qual o grau de concentração do referido produto, antes e após a aplicação da medida *antidumping*, objetivando, assim, identificar se o aumento de custos decorrentes da medida provocou ou provocará a saída de empresas do mercado;

c) se a produção nacional atende ou poderá atender o mercado doméstico, inclusive considerando o crescimento de consumo;

d) se a empresa está voltada, apenas e tão somente, ao mercado externo ou produz, exclusivamente, para o mercado interno.

Mais que isso, devem ser analisados os itens que compõem os custos de produção, tudo de forma a verificar quais são, efetivamente, as verdadeiras razões para perda de competitividade alegada, ou seja, se é decorrente da medida de defesa aplicada ao bem intermediário *dumpiado* ou a outros bens que compõem os itens do custo de produção deste.

A quinta etapa refere-se à elaboração de uma análise das *"Condições de acessibilidade do produto dumpiado"*, verificando-se a disponibilidade de produtos iguais ou similares que possam substituí-lo, bem como a possibilidade da ocorrência de uma redução da competição pela limitação de acesso aos produtos. Assim, deve-se analisar não apenas a existência de fornecedores dos produtos iguais ou similares ao *dumpiado*, mas também seus custos de comercialização e a existência de barreiras às suas importações.

Explica-se: é que o efeito das medidas *antidumping* sobre a concorrência está fulcrada na circunstância de imposição de restrição ao acesso a fontes alternativas do produto, ainda que o objetivo das medidas não seja o de limitar o acesso ao mercado de um produto estrangeiro, mas apenas corrigir a distorção existente por uma prática de comércio considerada desleal.

Logicamente que a redução da concorrência, por si só, não é um motivo suficiente para que se leve a efeito a suspensão ou redução de uma medida *antidumping*, mas se constitui em elemento que deve ser considerado.

Por fim, na sexta e última etapa, prevê a análise do comportamento dos *"Preços"* dos produtos *dumpiados* e de seus insumos, na medida em que um dos principais argumentos utilizados para realização do exame do interesse público é o aumento de preços dos produtos *dumpiados,* fabricados pela indústria doméstica.

Nessa etapa, deve ser identificada e analisada a ocorrência de variações de preços da cadeia afetada, estabelecendo-se a relação de causalidade, caso exista, com a medida *antidumping*, sendo que tais dados devem ser levantados na periodicidade mensal, justamente para identificar as sazonalidades.

Portanto, para que se proceda à análise do interesse público no âmbito dos procedimentos administrativos de investigação e aplicação de medidas *antidumping* no Brasil, foi criado um rito e estabelecido o envio, pela parte interessada, de uma série de informações econômicas e de mercado, que devem ser prestadas de forma clara e completa.

Assim, a criação do GTIP e a elaboração do roteiro para petições relativas a interesse público associado à aplicação de medidas *antidumping*, sem dúvida, tiveram o condão de:

a) estabelecer uma instância técnica cujo objetivo é exclusivamente analisar as petições de interesse público;

b) definir um conjunto básico de informações e parâmetros necessários para a análise do interesse público;

c) assegurar a observância dos princípios da legalidade, finalidade, motivação, razoabilidade, proporcionalidade, moralidade, ampla defesa, contraditório, segurança jurídica, interesse público e eficiência dos procedimentos administrativos no Brasil.

3.7.3. *Os procedimentos administrativos de análise de pleitos no âmbito do GTIP*

Recentemente, por meio da Resolução n. 27 da CAMEX, de 29 de abril de 2015, publicada no Diário Oficial da União de 30 de abril de 2015,[131] que revogou os artigos 4° a 9° da Resolução n. 13 da CAMEX, o Presidente do Conselho de Ministros da Câmara de Comércio Exterior disciplinou, no âmbito do GTIP, os procedimentos administrativos de análise de pleitos de consideração de interesse público nos processos de *antidumping*.

Ficou estabelecido, então, que a avaliação de interesse público tem por objetivo analisar pleitos de suspensão, alteração ou não aplicação de medidas *antidumping*.

Para fins da referida resolução, verifica-se presente o interesse público quando o impacto da imposição da medida *antidumping*, sobre os agentes econômicos como um todo, mostrar-se potencialmente mais danoso se comparado aos efeitos positivos da aplicação da medida.

Na análise do interesse público, poderão ser observados:

a) o impacto na cadeia jusante e a montante;

b) a disponibilidade de produtos substitutos em origens não afetadas pela medida de defesa comercial;

c) a estrutura do mercado e a concorrência;

d) a adequação às políticas públicas vigentes.

Porém, tais critérios não constituem lista exaustiva, e nenhum deles, por si só ou em conjunto, será necessariamente capaz de fornecer indicação decisiva.

Resta fixado, de forma clara, que não serão consideradas na avaliação de interesse público alegações relativas a:

a) dumping e dano dele decorrente;

b) subsídio acionável e dano dele decorrente;

c) demais atribuições de competência do DECOM e SECEX.

O processo de avaliação de interesse público deverá, obrigatoriamente, tramitar em autos separados do processo de *antidumping*. A critério do GTIP, os pleitos de interesse público que tenham por fundamento alteração nas condições de oferta da indústria nacional poderão, se comprovada tal alteração, ter um trâmite mais célere.

---

[131] Disponível em: <http://www.camex.gov.br/legislação/interna/id/1382>. Acesso em: 30 mai. 2015.

Recebido o pleito de interesse público, a Secretaria do GTIP avaliará as informações apresentadas nos formulários em até 5 (cinco) dias e, caso as considere insatisfatórias, concederá prazo de 10 (dez) dias para que o peticionante apresente informações complementares.

A Secretaria do GTIP dará conhecimento do pleito de interesse público e de eventuais informações complementares aos demais membros do Grupo, que terão prazo de 30 (trinta) dias para analisar se estão presentes os elementos suficientes para sua admissibilidade.

O GTIP submeterá sua recomendação sobre a instauração ou não do processo de avaliação de interesse público ao Comitê Executivo de Gestão da Câmara de Comércio Exterior – GECEX – e, caso aprovada tal recomendação, será expedida uma resolução da CAMEX, que tornará público o início do processo de investigação de interesse público.

A partir da instauração do processo, o GTIP terá o prazo de até seis meses, prorrogável uma única vez por igual período, para submeter sua recomendação final ao Conselho de Ministros.

Serão consideradas partes no processo de avaliação de interesse público:

a) aquelas que, por meio de ofício, forem convocados pela Secretaria do GTIP a fornecer informações de interesse do Grupo;

b) aqueles que, por iniciativa própria, desejarem atuar no processo.

A atuação das partes será por intermédio de representante devidamente habilitado junto à Secretaria do GTIP, o que deverá ocorrer no prazo, improrrogável, de 15 dias a contar da publicação da CAMEX, que instaurou o processo de investigação de interesse público.

Instaurado tal processo, as partes poderão fornecer, espontaneamente, informações que considerem pertinentes ao processo em um prazo improrrogável de 60 dias, contados a partir da data da publicação da resolução que o instaurou.

Durante a instrução do processo de avaliação do interesse público, poderão ser realizadas, a critério do GTIP, verificações presenciais conduzidas pela Presidência e/ou Secretaria do Grupo.

Em 90 dias, contatados da data de publicação da resolução, deverá ser encerrada a fase de instrução do processo, sendo que, a partir daí, a Secretaria do GTIP disporá de um prazo de 21 dias úteis para apresentar suas conclusões aos membros do GTIP.

Por sua vez, o GTIP apresentará sua recomendação ao GECEX, que levará a matéria à deliberação do Conselho de Ministros da

CAMEX, que, então, poderá determinar a não aplicação, a redução ou a suspensão de medida *antidumping*, com base no interesse público, por meio da publicação de uma resolução no Diário Oficial da União – D.O.U.

Na hipótese de o GTIP iniciar sua análise de avaliação de interesse público durante a fase de investigação do *dumping* conduzida pelo DECOM e pela SECEX, as conclusões do Grupo não serão levadas à apreciação do GECEX ou do Conselho de Ministros da CAMEX antes que a recomendação final de aplicação de medida *antidumping* seja submetida à consideração do Comitê ou do Conselho.

A suspensão de medida *antidumping*, em vigor, por razão de interesse público, poderá ser prorrogada por até um ano:

a) mediante solicitação fundamentada das partes; ou

b) por deliberação do GTIP, a pedido de qualquer de seus membros ou de órgãos da Administração Pública Federal.

O pedido de prorrogação deverá ser protocolado na Secretaria do GTIP, no mínimo, três meses antes do vencimento da medida de interesse público.

As partes poderão utilizar-se de correio eletrônico para o fornecimento de informações ao GTIP, sendo que tal faculdade objetiva assegurar o cumprimento dos prazos.

Contudo, os originais devem ser entregues no setor de protocolo da Secretaria do GTIP, em até cinco dias após a entrega da versão eletrônica, sob pena de ser considerado intempestivo o protocolo, inclusive o eletrônico.

4. Estudos de casos com análise de conteúdo

No presente capítulo, selecionou-se um conjunto de casos julgados pelos países que inseriram, em suas legislações internas de *antidumping*, um quarto requisito (interesse público) para instituição de medidas *antidumping* (Brasil, Canadá e União Europeia).

Analisando o conteúdo dos referidos julgados, busca-se identificar questões originárias da situação dos importadores, usuários industriais e consumidores, por meio do interesse público, para não aplicação, suspensão ou redução das medidas *antidumping*.

4.1. Casos de não aplicação, redução ou suspensão de medidas *antidumping*, no Canadá, em razão do interesse público

Poucos foram os casos de recomendação do uso da cláusula do interesse público nos processos de investigação de *antidumping* no Canadá, sendo que, no período compreendido entre 1989 e 2013, de um total de quinze análises de interesse público realizadas, houve alteração, suspensão ou redução de medida *antidumping* em apenas cinco casos; destes, serão analisados três:

   a) o caso das bebidas de malte, comumente conhecidas como cervejas;

   b) o caso da comida industrializada para bebê (*Prepared Baby Food*);

   c) o caso do fio de aço inoxidável (*Stainless Steel Round Wire*).[132]

4.1.1. O caso das bebidas de malte, comumente conhecidas como cervejas

O CITT, em 23 de setembro de 1991, por meio do relatório enviado ao Ministro das Finanças canadense, pôs fim à investigação de in-

---

[132] SANTOS, Pablo Fonseca Pereira. *Guia para análise econômica de processos de interesse público*. Ministério da Fazenda. Secretaria de Acompanhamento Econômico. Janeiro de 2014, p. 8. Disponível em: <http://www.seae.fazenda.gov.br/notas-a-imprensa/pdfs/guia%20interesse%20púb lico-jan2014.pdf>. Acesso em: 16 fev. 2015.

teresse público aberta em decorrência do processo de *antidumping* em relação às importações de bebidas de malte, comumente conhecidas como cervejas, originárias dos EUA.

Isso ocorreu por meio da Decisão PI-91-001, cuja íntegra foi publicada no Jornal Oficial Canadense (*Canada Gazette*) de 25 de novembro de 1991,[133] recomendando a redução das medidas *antidumping* a um nível necessário para remoção do prejuízo à indústria doméstica, por razões de interesse público.

O Canadá possuía, à época, duas indústrias que fabricavam cervejas, quais sejam, a Cervejaria de British Columbia (Labatt) e Molson Brewery BC, Ltd. (Molson), ambas localizadas na província de Colúmbia Britânica (*British Columbia*).[134] Essas empresas representaram junto ao CITT para instituição de medidas *antidumping*.[135]

De outra ponta, a exportação das cervejas para o Canadá era feita por empresas norte-americanas Pabst Brewing Company, G. Heileman Brewing Company Inc. e The Stroh Brewery Company, que também representaram junto ao CITT para que fosse realizada a investigação de interesse público com o intuito de que fossem extintas ou reduzidas tais medidas *antidumping*.[136]

Tendo sido iniciada a investigação de interesse público, o CITT recebeu várias representações por escrito, inclusive das empresas referidas, sendo que o Diretor de Investigação de Pesquisa do Tribunal, ao final do processo, emitiu parecer com as seguintes conclusões:

a) com a instituição das medidas *antidumping*, na sua integralidade, o bem-estar econômico da província Colúmbia Britânica estaria ameaçado na medida em que há uma grande probabilidade de as únicas duas indústrias locais aumentarem seus preços, causando prejuízo aos consumidores;

---

[133] Disponível em: <http://www.citt.gc.ca/en/dumping/interest/consider/archive_pi91001_e>. Acesso em: 27 abr. 2015.

[134] A Colúmbia Britânica, também aceita no português europeu Colômbia Britânica (em inglês: *British Columbia*; em francês: *Colombie-Britannique*), é uma das dez províncias do Canadá, parte das Províncias Ocidentais. A Colúmbia Britânica é a terceira maior província do Canadá, tanto em área (desconsiderando os territórios) quanto em população, atrás somente de Ontário (província mais populosa do país) e do Quebec (maior província do país em área). A Colúmbia Britânica, localizada no extremo oeste do Canadá, é a única das treze subdivisões canadenses que é banhada pelo Oceano Pacífico. A província é comumente chamada de *B.C.*, que é a abreviação oficial de *British Columbia*. Mais de 60% da população da Colúmbia Britânica vive no sudoeste da província, nas regiões metropolitanas de Vancouver e de Vitória. Vancouver é a maior cidade da Colúmbia Britânica, e sua região metropolitana é a terceira mais populosa do Canadá. Já Victória, localizada na Ilha Vancouver, é a capital da província. Disponível em: <http://pt.wikipedia.org/wiki/Col%C3%BAmbia_Brit%C3%A2nica>. Acesso em: 27 abr. 2015.

[135] Reporte para o Ministro das Finanças canadense, PI-91-001, p. 3 e 4.

[136] Reporte para o Ministro das Finanças canadense, PI-91-001, p. 4.

b) com a instituição das medidas *antidumping*, na sua integralidade, os produtores ganhariam cerca de metade do que os consumidores perderiam, enquanto os governos ganhariam marginalmente;

c) a instituição de medidas *antidumping* em níveis mais elevados do que o necessário para eliminar o prejuízo material sofrido pelas indústrias domésticas é desnecessária e excessiva, causando prejuízos aos exportadores e, principalmente, para os consumidores, que ficariam com as suas opções de produtos reduzidas a duas marcas;

d) com a expectativa de um mercado cada vez mais competitivo no Canadá, como sugere o Acordo Intergovernamental sobre Práticas de *Marketing* de Cerveja, desenvolvido no âmbito do GATT/1994, a instituição de medidas *antidumping*, na sua integralidade, contra a importação de cervejas do EUA, vai de encontro ao interesse público, em longo prazo, na medida em que algumas marcas como Heileman, Rainier e Larger seriam extintas do mercado canadense, reduzindo a escolha do consumidor.

Ao final do inquérito sobre interesse público, o CITT concluiu que as medidas *antidumping* instituídas em relação às importações de bebidas de malte, originárias dos EUA, deveriam ser reduzidas a um nível necessário para a remoção do prejuízo para as indústrias domésticas sem, contudo, eliminar a concorrência e manter o poder de escolha e a oferta para os consumidores canadenses.[137]

Assim, com base no interesse público, o CITT, mesmo que de forma indireta, oportunizou que fosse protegido o bem-estar socioeconômico da província de Colúmbia Britânica, reduzindo o valor das medidas *antidumping* a um nível suficiente para remoção do prejuízo às indústrias domésticas, ou seja, afastando a prática do *dumping* predatório, mas preservando a concorrência (importadores) e mantendo a oferta a seus consumidores.

4.1.2. O caso das comidas industrializadas para bebê – CIB

Em 30 de novembro de 1998, por meio do relatório enviado ao Ministro das Finanças canadense, o CITT novamente pôs fim a uma investigação de interesse público. Desta vez, a investigação fora aberta em decorrência do processo de *antidumping* em relação às importa-

---

[137] Reporte para o Ministro das Finanças canadense, PI-91-001, p. 6.

ções de Comidas Industrializadas para Bebê – CIB –, originárias dos Estados Unidos da América, e findou a partir da Decisão n. PB-98-001, cuja íntegra foi publicada no Jornal Oficial Canadense (*Canada Gazette*), de 1º de dezembro de 1998,[138] recomendando a redução das taxas *antidumping* com fundamento no interesse público.

É que, em 29 de abril de 1998, o CITT emitiu comunicado reconhecendo que a importação de CIB, originárias dos EUA, realizadas pela empresa Gerber Products Company, subsidiária integral do exportador norte-americano Gerber US, havia causado prejuízo material, *dumping*, à empresa H.J. Heinz Company of Canada Ltd., comunicado esse emitido de acordo com o ato do SIMA.

Na investigação de prejuízo, o CITT apurou que a margem de *dumping* dos referidos produtos era de 59,76% quando expresso numa percentagem do valor normal (preços comparáveis de venda nos EUA), ou de 148,7% quando expresso num percentual baseado no preço de exportação dos produtos.

Já que a empresa importadora do Canadá (Gerber) era uma companhia subsidiária integral do exportador dos EUA, os preços de margem de *dumping* foram calculados nos termos do art. 25, 1, *c*, do SIMA, ou seja, com base nos preços de revenda do importador no Canadá, descontados todos os custos incorridos na importação e venda, além de uma quantia de margem de lucro.[139]

Contudo, na época, a empresa H.J. Heinz Company of Canada Ltd., com sede na municipalidade de Leamington, Ontário, era a única indústria produtora canadense de CIB, sendo que a companhia Gerber Products Company, localizada em Niagara Falls, Ontário, era a concorrente que havia no mercado do Canadá.

Cabe ressaltar que até o mês de maio de 1990, a Gerber Products Company produzia as CIB em território canadense e, no mês de junho daquele ano, encerrou suas atividades e passou a importar os referidos produtos de sua controladora, ou seja, o exportador norte-americano Gerber US.

Assim, o mercado canadense em relação às CIB era abastecido por uma indústria nacional (H.J. Heinz Company of Canada Ltd.) e por um importador, ex-industrial (Gerber Products Company), sendo que os dados e as declarações apresentadas ao CITT, tanto durante o

---

[138] Disponível em: <http://www.citt.gc.ca/en/dumping/interest/consider/archive_pb98001_e>. Acesso em: 27 abr. 2015.

[139] Reporte para o Ministro das Finanças canadense, PB-98-001, p. 13.

inquérito de prejuízo quanto na investigação de interesse público, foram considerados confidenciais.[140]

Em decorrência de tais fatores, o CITT recebeu mais de 40 submissões pleiteando a análise do interesse público. Algumas dessas submissões estiveram fulcradas em questões de saúde e bem-estar, especialmente em relação às famílias de baixa renda; outras com base nos efeitos potenciais da falta de concorrência no mercado canadense de produção de CIB.

Tais submissões também levaram em consideração a viabilidade da produção da única companhia nacional, a H.J. Heinz, e a sua importância para a cidade de Leamington, um município no Condado de Essex, no Canadá, e para as comunidades agrícolas da região.[141]

É ver-se que a análise das comunidades agrícolas foi levada em consideração pelo CITT na medida em que as CIB são preparadas "contendo vegetais homogeneizados, frutas e/ou carne que pode incluir alguns pedaços visíveis, não superiores a 6,5 milímetros de tamanho".[142]

Além das já referidas submissões, o CITT colheu o depoimento pessoal de 34 testemunhas originárias das organizações de assistência social, profissões médicas e nutricionistas, sindicatos, consumidores, distribuidores e varejistas.

Ainda quando da investigação sobre o prejuízo, o CITT observou que os preços de varejo para CIB, praticados pela empresa Gerber US, controladora da sua subsidiária canadense Gerber Products Company, eram bem menores para o mercado canadense do que para o mercado dos EUA.

Ademais, esta identificou que as vendas domésticas da empresa H.J. Heinz haviam diminuído em mais de 20% durante os anos de 1995 a 1997, sendo que suas receitas médias unitárias decresceram, e seus custos e despesas aumentaram.

Assim, o CITT apurou que a empresa H.J. Heinz perdeu dezenas de milhões de dólares em lucros operacionais, mas observou também que, no período do inquérito de prejuízo, o mercado global de CIB também diminuiu seu faturamento em mais de 20% e, no mesmo período, a empresa Gerber diminuiu em mais de 25%.

O Tribunal chegou à conclusão de que a diminuição do volume de vendas da H.J. Heinz não estava relacionado com o *dumping*, mas,

---

[140] Reporte para o Ministro das Finanças canadense, PB-98-001, p. 12.

[141] Reporte para o Ministro das Finanças canadense, PB-98-001, p. 2.

[142] Reporte para o Ministro das Finanças canadense, PB-98-001, p. 6.

durante o período de inquérito do prejuízo, investigou duas grandes redes de varejo, ou seja, a Loblaw Companies Limited (Loblaws) e Shoppers Drug Mart Limited (Shoppers), na condição de maiores clientes das empresas H.J. Heinz e Gerber Products Company na compra de CIB, e concluiu que, no período compreendido entre 1995 e 1998, a média de preço de venda da Gerber sempre foi muito menor que o da H.J. Heinz.

Depois de considerar todas essas arguições, o CITT, em 03 de junho de 1998, deu início a uma investigação de interesse público, razão pela qual enviou questionários completos para o fabricante canadense, para o importador, para os exportadores e para os compradores de CIB.

O CITT deu início à referida investigação, pois chegou à conclusão de que:

a) a estrutura da indústria canadense de CIB;

b) a demanda do mercado canadense;

c) a disponibilidade do produto no mercado; e

c) os efeitos das medidas *antidumping* sobre as famílias de baixa renda constituíam-se em fatores que justificariam uma investigação mais profunda sobre interesse público. Assim, asseverou que:

Na opinião do Tribunal, uma investigação de interesse público realizada nos termos do SIMA permite uma ampla variedade de fatores que devem ser levados em conta ao considerar o nível adequado de funções. O Tribunal deu apoio a esta abordagem mais ampla, mais abrangente em recente decisão do Tribunal Federal do Canadá, em que o Tribunal de Justiça declarou: *Uma revisão da jurisprudência a respeito de interesse público revela que o seu conceito é amplo, indefinido e flexível e que inclui considerações para além dos interesses das partes de um litígio.* Isso não quer dizer, porém, que não há limites sobre os fatores que o Tribunal pode tomar em conta. Tal como foi afirmado no caso dos *grãos de milho,* o Tribunal *não é um assessor do Ministro das Finanças sobre a distribuição de riqueza e renda entre os diferentes interesses privados.*[143]

A partir daí, o CITT recebeu manifestações por escrito e ouviu o testemunho de numerosos indivíduos e organizações no sentido de que o interesse público exigia a eliminação ou a redução das medidas *antidumping* sobre as importações de CIB, originárias dos EUA, dentre eles:

a) A Canadian Institute of Child Health;

b) o Dr. William James;

c) Alimentação Infantil Action Coalition Canadá;

---

[143] Reporte para o Ministro das Finanças canadense, PB-98-001, p. 20.

d) o Colégio de Médicos de Família do Canadá;

e) a Federação Canadense Independente de Mercearias;

f) o Conselho dos Nutricionistas comunitários;

g) o Conselho de Política Alimentar de Toronto;

h) o Departamento de Saúde do Município de Ottawa-Carleton;

i) de Ottawa West End Comunidade Capelania Regional;

j) a Organização Nacional Antipobreza;

k) Criança Poverty Action Group Ottawa-Carleton;

l) a Sociedade de Profissionais de Ontário Nutrição em Saúde Pública; e a

m) Fédération Nationale des associações de consommateurs du Québec.

Com base em tais manifestações, o CITT apurou cinco principais questões que deveriam ser analisadas em decorrência da imposição de medidas *antidumping* contra a importação de CIB, originárias dos EUA, no que concerne, especificamente, ao interesse público:

1ª) aumento de preços de CIB originários das medidas *antidumping* e da saída do mercado da empresa Gerber Products Company, deixando o monopólio à empresa H.J. Heinz Company of Canada Ltd., principalmente às famílias de baixa renda, já que o referido produto se tornou uma parte importante da alimentação infantil no Canadá, e a possível má utilização das CIB para além da data de vencimento ou com a adição de líquidos que aumentem seu rendimento;

2ª) a criação das medidas *antidumping*, protegendo a indústria nacional H.J. Heinz Company of Canada Ltd., poderia fazer com que a empresa Gerber Products Company e outras empresas norte-americanas não conseguissem exportar seus produtos para o Canadá, reduzindo ou eliminando a opção de escolha dos consumidores;

3ª) o abastecimento do mercado canadense com o produto CIB, em caso de interrupção ou extinção das atividades da única indústria nacional, ou seja, a Heinz Company of Canada Ltd.;

4ª) o eventual prejuízo que pequenos varejistas poderiam sofrer diante do monopólio do fornecimento de CIB, apenas e tão somente, pela empresa Heinz Company of Canada Ltd.;

5ª) diante do monopólio no fornecimento de CIB, a empresa Heinz Company of Canada Ltd. teria o mesmo incentivo para continuar com a inovação de produtos e promover melhorias na qualidade dos mesmos?

O CITT apurou que a margem de *dumping* e, assim, a quantidade média de *antidumping* necessário a ser aplicada nas importações de CIB realizadas pela Gerber Products Company, no período do inquérito, variou de $ 0,20 para $ 0,45 dólares por frasco, necessários para eliminar o prejuízo, o que representaria um aumento de 30% nos preços de CIB, e se traduziria em um aumento de $ 43,20 dólares no custo alimentar de uma criança durante todo o período de 30 semanas.[144]

Contudo, o Tribunal conseguiu apurar que, naquela época, uma em cada cinco crianças no Canadá vivia na pobreza, e dessas, quase 42% eram assistidas por bancos de alimentos, sendo que as mães solteiras com idade inferior a 25 anos possuíam uma taxa de pobreza alarmante de mais de 91%. A incidência de crianças que viviam na pobreza no Canadá havia aumentado para 500.000, ou seja, num percentual de 58%.

Com base em todos esses dados, o CITT, ao final da investigação sobre interesse público, concluiu que:

a) as provas sobre os danos que as medidas *antidumping* causariam aos consumidores foram convincentes, especialmente para famílias de baixa renda, já que muitos pais não eram capazes de fazer comida caseira para bebês entre 4 e 18 meses de idade, tendo em vista a falta de tempo, de habilidade, de condições financeiras ou não possuíam o equipamento adequado/necessário para tanto;

b) enquanto muitos alimentos tais como cenouras e bananas, podem ser triturados com uma forquilha para obter-se a consistência desejada, outros alimentos, tais como carnes, frutas fibrosas e vegetais, muito necessários na alimentação dos bebês entre 4 e 18 meses de idade, devem ser misturados até formarem um purê que atinja a consistência desejada;

c) diante do asseverado nos itens anteriores, as crianças de 4 a 18 meses de idade que estão sendo alimentadas com CIB, e ficam em creches e abrigos durante o dia, para que os pais possam trabalhar, estão sendo bem alimentadas;

d) com o monopólio no fornecimento de CIB, na opinião do Tribunal, a Heinz Company of Canada Ltd. irá tentar aumentar seus preços a fim de aumentar seu nível de lucro operacional sobre esses produtos;

e) o mercado canadense, na opinião do CITT, é muito pequeno para, por si só, fomentar a vinda de outra indústria interessada

---

[144] Reporte para o Ministro das Finanças canadense, PB-98-001, p. 18.

em produzir CIB no Canadá, tendo, ainda, de enfrentar a concorrência da empresa Heinz Company of Canada Ltd.;

f) considerando que CIB são muito utilizadas no Canadá, a grande maioria das famílias com crianças com idade entre 4 e 18 meses de idade serão afetadas pelo aumento dos preços dos produtos;

g) se as medidas *antidumping* fossem eliminadas completamente, os produtores dos EUA estariam livres para entrar no mercado canadense praticando qualquer nível de preço, sendo que não haveria nenhuma garantia no sentido de que a empresa Gerber Products Company voltaria a atuar no mercado canadense;

h) já, se as medidas *antidumping* fossem reduzidas, haveria possibilidade de manutenção da indústria nacional, bem como de manter-se a concorrência necessária para estabelecer-se o equilíbrio comercial, sem prejuízo aos consumidores de baixa renda;

i) o Tribunal está consciente das dificuldades das famílias de baixa renda em relação a qualquer aumento que possa ser estabelecido sobre as CIB, mas não está convencido de que tais problemas estariam resolvidos por meio da manutenção de um preço artificialmente baixo, o que, em longo prazo, poderia agravar, ainda mais, o problema;

j) poderá ocorrer um potencial aumento de problemas de saúde em crianças, decorrentes do aumento do preço de CIB, na medida em que tais produtos poderão vir a ser diluídos para aumentar seu rendimento, ou poderão ser consumidos com data de validade vencida;

k) caso a empresa Heinz Company of Canada Ltd. encerrasse suas atividades, haveria impacto no emprego e renda dos trabalhadores, agricultores, fornecedores e toda comunidade do entorno da municipalidade de Leamington, o que, embora seja uma questão localizada no sudoeste de Ontário, se constitui preocupação de interesse público do Tribunal;

l) cabe ressaltar, também, que, com o encerramento das atividades da referida indústria doméstica, o Canadá ficaria totalmente dependente das importações o que, provavelmente, em longo prazo, causaria um aumento significativo nos preços de CIB;

m) a segurança de que não haverá falta de abastecimento do produto e de que será mantida uma variedade de opção de produtos para o consumidor, caso o único produtor canadense venha a fechar suas portas, também foram consideradas como questões de interesse público;

n) na opinião do Tribunal quando existe só um fornecedor, é provável que a qualidade dos produtos e inovações se tornem menos frequentes.

Assim, com base no interesse público, o CITT recomendou que as medidas *antidumping* instituídas sobre as importações de certas comidas industrializadas para bebê, originárias dos Estados Unidos da América, deveriam ser reduzidas em aproximadamente 2/3 da taxa total.

Tal decisão foi tomada, em grande parte, para mitigar as consequências para as famílias de baixa renda e preocupações com a saúde e bem-estar dos bebês, com base no interesse público, a partir das seguintes medidas:

a) deve ser estabelecido um preço mínimo de revenda para CIB importadas dos EUA no mercado interno canadense, e esse preço deve ser utilizado para a implementação da uma redução gradual das medidas *antidumping*;

b) quando o preço mínimo de revenda fixado anteriormente exceder o preço real de revenda, deverá ser estabelecida penalidade (pênalti) em valor igual à diferença entre os dois preços, já que, na opinião do CITT, tal medida irá contribuir para a manutenção do equilíbrio entre os concorrentes sempre que os preços dos produtos importados dos EUA ficarem abaixo do preço mínimo de revenda no mercado interno canadense;

c) o CITT recomenda que o preço mínimo de revenda para CIB importadas dos EUA no mercado interno canadense seja indexado aos preços que os referidos produtos são comercializados em redes de varejo.

Dessa forma, o CITT, mesmo asseverando que não tem como objetivo analisar questões de políticas sociais, por meio do interesse público, acabou levando em consideração, para a tomada da referida decisão, as dificuldades das famílias de baixa renda em relação a qualquer aumento de preço das comidas de bebê e à qualidade dos alimentos que, em substituição a elas, seriam fornecidos às crianças canadenses de 4 a 18 meses de idade.

Mais que isso, preocupou-se também em investigar se os pais das referidas crianças seriam capazes/hábeis e teriam tempo de produzir alimentos com a mesma qualidade das CIB, e se a matéria-prima (vegetais, carnes) seria cortada e triturada da forma e no tamanho correto para consumo das crianças.

Estabeleceu-se, então, importante relação entre questões econômicas e questões não econômicas para se determinar a redução das medidas *antidumping*, e até mesmo a prevalência da segunda em relação à primeira o que, sem dúvida, é muito incomum no sistema comercial internacional.

Assim, no bojo do referido processo, por meio do interesse público, abriu-se a possibilidade de analisar a justiça social e o bem-estar socioeconômico para, então, reduzir em 2/3 o valor das medidas *antidumping*.

4.1.3. O caso do fio de aço inoxidável

O CITT, em 04 de novembro de 2004, por meio do relatório enviado para o Ministro das Finanças canadense, pôs fim à investigação de interesse público aberta em decorrência do processo de *antidumping* em relação às importações de fio de aço inoxidável, originárias da Coreia do Sul, dos EUA, da Suíça e da Índia, por meio da Decisão PB-2004-002. A íntegra da Decisão foi publicada no Jornal Oficial Canadense (*Canada Gazette*) de 22 de março de 2005,[145] recomendando a redução das taxas *antidumping* com fundamento no interesse público.

Em 30 de junho de 2004, o CITT emitiu um comunicado (NQ-2004-001) por meio do qual reconhecia que as referidas importações de fio de aço inoxidável haviam causado prejuízo material, *dumping*, à indústria nacional, Central Wire Industries Ltd. (Central Fio). O comunicado foi emitido de acordo com o ato do SIMA.

No Canadá, o referido produto era produzido por duas indústrias, uma localizada na municipalidade de Perth, Ontário (Central Fio), e a outra em Enrin, também em Ontário (Greening Donald Co. Ltd.), sendo que, em dezembro de 2002, a empresa Central Wire Industries Ltd. (Central Fio) tornara-se a única fabricante nacional do referido produto, na medida em que havia adquirido sua concorrente Greening Donald Co. Ltd.[146]

O fio de aço inoxidável pode ser produzido em vários diâmetros e pode, também, ser utilizado numa gama enorme de produtos, sendo que a investigação *in casu* abrangeu o mercado de fio de aço inoxidável do Canadá, que compreende os seguintes produtos, todos originários do fio de aço inoxidável:

---

[145] Disponível em: <http://www.citt.gc.ca/en/dumping/interest/consider/archive_pb2004002 _e>. Acesso em: 27 abr. 2015.

[146] Reporte para o Ministro das Finanças canadense, PB-2004-002, p. 11.

a) belting fio;

b) fio frio posição e tela de formação;

c) arame de solda;

d) outros fios, que incluem aquele utilizado para telefonia fixa e tecelagem (tecendo fios).

Por pertinente, como restará demonstrado a seguir, cabe destacar que:

a) o *aço inoxidável correias de arame (fio cercamento)* é utilizado na produção de correias transportadoras;

b) o *aço inoxidável belting* é utilizado no tratamento de metais, na indústria automotiva, na indústria de alimentos e na indústria de tratamento térmico;

c) o *wireline* de aço inoxidável (rede fixa) é usado na indústria de petróleo e gás;

d) o *fio central* é utilizado na telefonia fixa;

e) o *arame de solda de aço inoxidável (arame de solda)* é usado para aplicações em peças e equipamentos para indústria de petróleo, gás, petroquímica e papel e celulose;

f) o *fio de tecelagem em aço inoxidável (fio tecendo)* é usado na produção de tela ou arame;

g) o *fio frio de aço inoxidável* é utilizado na produção de pregos, prateleiras e cremalheiras de exposição.

Duas empresas interessadas protocolaram pedidos no CITT para início de uma investigação de interesse público, quais sejam a Fio Industries Limited (Major Wire) e a The Wire Mesch Belt Company of Canadá (Wire Mesh), ambas na condição de usuárias industriais finais do fio de aço inoxidável, alegando o possível desabastecimento do produto, sendo que após analisar o conteúdo de tais petições, o Tribunal chegou à conclusão de que havia motivos suficientes para iniciar uma investigação de interesse público, razão pela qual deu início à mesma em 04 de novembro de 2004.

Assim, o CITT enviou questionários ao produtor nacional, aos usuários finais, aos importadores-distribuidores de fio de aço inoxidável, bem como enviou pedidos de informação à Agência de Serviços Fronteiriços do Canadá (CBSA).

Sete empresas enviaram suas respostas ao CITT, sendo que cinco delas defenderam haver um interesse público que justificava a eliminação ou, alternativamente, a redução das medidas *antidumping* em relação a determinadas categorias de fio de aço inoxidável importados de determinados países:

a) Fio Industries Limited (Major Wire);

b) The Furnace Belt Company Limited (Furnace Belt);

c) The Wire Mesh Belt Company of Canada, todas na condição de usuárias industriais finais dos referidos produtos;

d) Fios Maryland Specialty, Inc., na condição de produtor norte--americano e exportador;

e) Praxair Canada Inc., um importador distribuidor.

No decorrer do inquérito de interesse público, a CBSA, em atendimento a pedidos do CITT, apurou que 100% dos fios de aço inoxidável importados para o Canadá, originários da Coreia do Sul e da Suíça, e 99,5% dos referidos produtos importados dos EUA, durante o período de investigação (1º de outubro de 2002 a 30 de setembro de 2003), causaram *dumping* à indústria nacional canadense, numa margem de 110%, quando expresso com base no preço de exportação originária da Coreia do Sul e da Suíça, e de 181%, quando expresso no preço de exportação originária dos EUA.[147]

A CBSA, com base em informações recebidas de quatro exportadores indianos, chegou à conclusão, também, de que 100% do fio de aço inoxidável importado pelo Canadá da Índia, durante o período de investigação, tinha um subsídio que reduzia o preço final de exportação no percentual de 6,2% ($ 0,02 dólar por quilograma para cada $ 0,37 dólar por quilograma exportado), o que também causou prejuízo à indústria nacional canadense.[148]

O CITT, com base em todas essas informações, concluiu que a queda na demanda do mercado pelos fios de aço inoxidável, e a postura natural das empresas, usuárias industriais do referido produto, em buscar uma segunda fonte de abastecimento através dessas importações, foram os fatores determinantes para que as empresas originárias da Coreia do Sul, dos EUA, da Suíça e da Índia tomassem conta de uma fatia importante do mercado canadense.[149]

Assim, ao final do inquérito sobre interesse público, o CITT apurou que:

a) a indústria canadense que utiliza como matéria-prima o *aço inoxidável belting* recebe os pedidos de seus clientes com um prazo muito curto para entrega, não podendo prever variações na compra do produto em questão (dificuldade para estocar);

b) a indústria automobilística e a indústria de preparação de alimentos canadense utilizam correias de *aço inoxidável belting,*

---

[147] Reporte para o Ministro das Finanças canadense, PB-2004-002, p. 8.

[148] Reporte para o Ministro das Finanças canadense, PB-2004-002, p. 9.

[149] Reporte para o Ministro das Finanças canadense, PB-2004-002, p. 15.

sendo que a primeira opera em uma base de entrega do produto *just in time*, e a segunda trabalha, em geral, 24 horas por dia com uma margem de lucro muito apertada, razão pela qual o prazo de entrega das referidas correias deve ser muito rápido;

c) tendo em vista sua posição geográfica, em relação ao Canadá, os EUA é o único país que conseguia fornecer, com a rapidez necessária, o fio de aço inoxidável para a indústria canadense;

d) comprovou-se, também, que os EUA e a Suíça eram capazes de fornecer o *wireline de aço inoxidável (rede fixa)* em conformidade com os padrões de qualidade exigidos pelas indústrias de petróleo e gás canadenses;

e) a instituição de medidas *antidumping*, no montante integral, provocou a eliminação da competição para o fornecimento do fio de aço inoxidável, na medida em que os EUA não conseguiam fazer o seu produto chegar ao Canadá com preço competitivo;

f) houve escassez e atrasos na entrega de fio de aço inoxidável pela única indústria canadense, o que, sem dúvida, causou a perda de clientes para os EUA, que tiveram uma vantagem financeira competitiva em relação ao seu concorrente canadense;

g) os problemas de abastecimento tendiam a continuar e, potencialmente, aumentar no futuro, na medida em que os usuários industriais do fio de aço inoxidável não tinham como programar seus pedidos fazendo estoque de mercadorias;

h) a redução do número de fornecedores do fio de aço inoxidável no Canadá aumenta a probabilidade de redução da concorrência em termos de negociação de preços, velocidade de entrega e prestação de serviços para os compradores, já que existe apenas um fornecedor nacional.

Assim, com base no interesse público, o CITT recomendou:

154. Tendo em conta as considerações anteriores e em conformidade com o parágrafo 45 (5) (a) do SIMA, o Tribunal recomenda ao Ministro reduzir de 181% para 35% a medida *antidumping* imposta sobre as vendas de *belting fio* originárias ou exportados dos Estados Unidos. O Tribunal também recomenda que ao Ministro reduzir de 181% para 35% a medida *antidumping* imposta sobre as vendas de *wireline* originárias ou exportados dos Estados Unidos. O Tribunal não faz nenhuma recomendação em relação ao direito de compensação ou no que diz respeito ao direito *antidumping* aplicado em relação aos outros produtos abrangidos pelas suas conclusões iniciais, ou cantando fio ou de rede fixa de outros países sujeitos às medidas.[150]

Desta forma, por meio do interesse público, o CITT, além do interesse da indústria nacional que pleiteava a instituição das medidas *an-*

---

[150] Reporte para o Ministro das Finanças canadense, PB-2004-002, p. 41 (154).

A defesa nas medidas *antidumping*
por meio do interesse público no Brasil, no Canadá e na União Europeia

tidumping (Central Wire Industries Ltd.), conseguiu proceder à análise do interesse da indústria canadense que utilizava o produto *dumpiado* como matéria-prima (usuários industriais).

Ao proceder a tal análise, o CITT descobriu que os usuários industriais necessitavam do produto *dumpiado* num prazo muito curto de entrega e que possuíam grande dificuldade de estocá-lo, e, ainda, que a instituição das medidas *antidumping* no montante integral já havia provocado a eliminação da competição, a escassez e atrasos na entrega do fio de aço inoxidável pela única indústria canadense.

Deste modo, por meio da análise do interesse público, o Tribunal reduziu de 181% para 35% as medidas *antidumping*, mantendo a proteção à indústria nacional sem, contudo, eliminar a concorrência necessária ao bem-estar socioeconômico.

4.2. Casos de não aplicação de medidas *antidumping*, na União Europeia, em razão do interesse da União

Da mesma forma que no Canadá, a cláusula do interesse da União, como está prevista da legislação de regência da União Europeia, após as alterações trazidas pelo Tratado de Lisboa, foi utilizada poucas vezes para a não imposição de medidas *antidumping*, sendo que os casos de merecem referência são os seguintes:

a) o caso da resina de goma;

b) o caso das bolsas de folhas de plástico ou de matérias têxteis;

c) o caso do sistema de leitura ótica por *laser* utilizado em veículos a motor – SLOL;

d) o caso do ferro-silício;

e) caso dos discos versáteis digitais para gravação (DVD+/-R).

Cabe ressaltar que, nos referidos processos, foram levadas em consideração a insuficiência da produção da indústria doméstica e as barreiras à entrada de concorrentes; o nível de emprego na indústria afetada e nas demais; a capacidade tecnológica e industrial dos produtores e a relevância do setor para a economia nacional e regional.

Diferentemente do Canadá (como já demonstrado) e do Brasil (como será demonstrado a seguir), o interesse da União no procedimento administrativo de *dumping* na UE não possui o condão de suspender ou reduzir uma medida *antidumping* provisória ou definitiva, mas, apenas e tão somente, de determinar a sua extinção (não aplicação).

4.2.1. O caso da resina de goma

A CE, em 10 de janeiro de 1994, encerrou o processo de *antidumping* aberto em relação às importações de resinas de goma, código de NC n. 38.06.10.10, originárias da República Popular da China, por meio da Decisão CE n. 94/82, cuja íntegra foi publicada no Jornal Oficial das Comunidades Europeias n. 41,[151] na parte de Legislação, edição de 12 de fevereiro de 1994, páginas 50 a 54[152] (Decisão CE n. 94/82, JO L 41, 12.02.1994), sem aplicar medidas *antidumping* e com fundamento no interesse da União Europeia.

É que, no mês de maio de 1992, a CE recebeu uma denúncia apresentada pela Associação dos Industriais Exportadores de Produtos Resinosos (AIEPR), em nome dos produtores da UE que representavam uma parte importante da produção comunitária.

A denúncia continha elementos de prova da existência de *dumping* sobre as importações do produto em questão e do prejuízo dele resultante, que foram considerados suficentes para justificar o início do processo.

A CE procurou obter e analisar todas as informações que considerou necessárias para efeitos do inquérito e, a partir de diligências, procedeu às verificações *in locu* nas instalações das seguintes empresas:

a) *Produtores comunitários:* Socer Sociedade Central de Resinas S/A – Lisboa, Portugal; Lagoa, Henriques & Pedroso Lda. – Pedrógão Grande, Portugal; Resipez Indústria & Comércio de Residas Lda. – Leiria, Portugal; Mariano Lopes Morgado & Companhia Lda. – Arganil, Portugal; Manuel Inácio Pimpão & Filhos Lda. – Maceira Lis, Portugal;

b) *Importadores na Comunidade:* ABIETA Chemie GmbH – Augsburgo, Alemanha; Hermann Ter Hell & Co – Hamburgo, Alemanha; Hercules B.V. – Rijswijk, Países Baixos; Integrated Chemicals B.V. – Lisse, Países Baixos.[153]

Os questionários elaborados pela CE foram enviados a sete exportadores chineses conhecidos no início do processo, e todos foram devidamente respondidos, sendo que, em decorrência de a China não ser considerada uma economia de mercado, foi necessário determinar o valor normal do produto, tomando-se como referência um país ter-

---

[151] ISSN 1012-9219.

[152] Disponível em: <http://eur-lex.europa.eu/legal-content/EN/ALL/?uri=OJ:L:1999:018:TOC>. Acesso em: 23 abr. 2015.

[153] Decisão CE n. 94/82, OJ L 41, 12.02.08.1994 (5), p. 50.

ceiro de economida de mercado, sendo que o nome Brasil foi sugerido e aceito.

Desta forma, o valor normal da resina de goma foi determinado por referência dos preços praticados pelas indústrias brasileiras, a saber: Resinas Yser Ltda. – Campo Largo, PR; Resinas Brazil Indústria & Comércio Ltda, – Avaré, SP, no seu mercado interno, ou seja, brasileiro.[154]

A CE considerou que o Brasil era conhecido como o segundo maior produtor em nível mundial das resinas de goma tendo, em larga medida, sido verificadas semelhanças entre o Brasil e a República Popular da China no que diz respeito ao processo de produção e ao acesso às matérias-primas.

Com base nessa comporação entre Brasil e China, a CE chegou à conclusão de que havia uma margem de *dumping* na resina de goma importada pela UE no percentual de 17,4%.

No inquérito, a CE concluiu que, enquanto o volume de vendas da indústria comunitária havia aumentado 24% ao longo dos últimos 4 (quatro) anos, a respectiva parte da indústria que desejava a aplicação da medida *antidumping* estava estagnada, e suas vendas em queda, razão pela qual a China conseguiu tomar conta de uma fatia importante do mercado da UE.

Durante os mais de 2 (dois) anos de inquérito, a CE enviou diversos questionários às partes interessadas e recebeu várias respostas, sendo que os usuários industriais do referido produto a ser *dumpiado* demonstraram que os efeitos negativos decorrentes da imposição de uma medida *antidumping* sobre tais importações seria bastante desproporcional aos benefícios daí decorrentes à indústria comunitária europeia.

Apurados e identificados, então, o *dumping*, o prejuízo e o nexo de causalidade, em relação à importação de resinas de goma da República Popular da China, a CE procedeu à análise do interesse da União e teceu as seguintes considerações:

   a) os efeitos das medidas *antidumping* sobre os utilizadores de resinas de goma seriam imensamente desproporcionais aos benefícios das mesmas para a indústria comunitária, pois essa é formada por empresas de médio porte, todas instaladas em Portugal, que utilizam um tipo de recurso natural limitado;

   b) mesmo com a adoção das medidas *antidumping*, o mercado da União Europeia continuaria muito dependente das importa-

---

[154] Decisão CE n. 94/82, OJ L 41, 12.02.08.1994 (6) (15), p. 50 e 51.

ções, já que a produção das indústrias da UE só consegue atender a uma parte minoritária da demanda de consumo;

c) as resinas de goma se constituem num produto utilizado em inúmeras indústrias da UE (pneus, papel, tintas, colas e vernizes) instaladas em muitos Países-Membros, e são responsáveis por um elevado número de postos de trabalho;

d) a instituição de medidas *antidumping* resultaria em importante aumento de custos de produção dos produtos referidos, dado que tais indústrias necessitam de abastecimento constante e volumoso de resinas de goma.[155]

Diante que tudo que foi exposto, a CE, no que concerne ao interesse da União, chegou à conclusão de que:

(36) Considerando o atrás exposto, a Comissão conclui que não seriam apropriadas quaisquer medidas de proteção e não seria do interesse da Comunidade dar continuidade ao processo.[156]

Dessa forma, com base no interesse da União Europeia, a CE, além do interesse da indústria nacional, que pleiteava a instituição das medidas *antidumping*, representada pela Associação dos Industriais Exportadores de Produtos Resinosos (AIEPR), procedeu, também, à análise dos intereses da indústria europeia, que utilizava o produto *dumpiado* com matéria-prima (usuários industriais).

Ao proceder a tal análise, a CE descobriu que os efeitos das medidas *antidumping* sobre os utilizadores de resinas de goma seriam imensamente desproporcionais aos benefícios das mesmas à indústria comunitária, já que inúmeras indústrias da UE (pneus, papel, tintas, colas e vernizes), instaladas em muitos países-membros, são responsáveis por elevado número de postos de trabalho.

Assim, por meio da análise do interesse da União Europeia, o Tribunal resolveu não aplicar quaisquer medidas *antidumping* sobre as referidas importações, optando por proteger o pleno emprego.

4.2.2. O caso das bolsas de folhas de plástico ou de matérias têxteis

A CE, em 1º de agosto de 1997, encerrou o processo de *antidumping* aberto em relação às importações de bolsas de folhas de plástico ou de matérias têxteis originiárias da República Popular da China, por meio do Regulamento CE n. 1.567/1997, cuja íntegra foi publicada no

---

[155] Decisão CE n. 94/82, OJ L 41, 12.02.08.1994 (35), p. 54.
[156] Decisão CE n. 94/82, OJ L 41, 12.02.08.1994 (36), p. 54.

Jornal Oficial das Comunidades Europeias n. 208,[157] na parte de Legislação, edição de 02 de agosto de 1991, p. 31 a 43[158] (Regulamento CE n. 1.567/1997, OJ L 208, 02.08.1997), sem aplicar medidas *antidumping* e com fundamento no interesse da União.

É que, pelo Regulamento CE n. 208/1997, a CE havia instituído medidas *antidumping* provisórias em relação à importação de bolsas originárias da China classificadas nos códigos NC 4202.21.00 (couro), 4202.22.10 (plásticos) e 4202.22.90 (têxteis).

Durante a fase de inquérito, a CE decidiu considerar as bolsas de folhas de plástico e de matérias têxteis como um único produto, já que possuem as mesmas características e se destinam ao mesmo uso, diferenciando, apenas e tão somente, as bolsas de couro.

Apenas três produtores/exportadores dos referidos produtos colaboraram com o procedimento investigatório, respondendo aos questionários, sendo que as margens de *dumping* esbelecidas foram as seguintes: Shilton – bolsas de couro: 0%; Gebr. Picard International Ltd. – bolsas de couro: 7,7%; Lee & Man – bolsas sintéticas: 64,7%, e diante desses dados "foi estabalecida a seguinte média poderada de *dumping*, por produto: 83,5%, bolsas de couro, e 151%, bolsas sintéticas".[159]

Ficou comprovado que, entre o ano de 1992 e o período do inquérito, o consumo de bolsas sintéticas na UE aumentou de 73 milhões de unidades para 96 milhões de unidades, ou seja, aproximadamente 31%, e que as importações de bolsas sintéticas da China aumentaram de 53 milhões para 78 milhões de unidades, ou seja, 47%.[160]

Por fim, a CE apurou que a parte do mercado da UE detida pelas importações de bolsas sintéticas originárias da China aumentou de 73%, em 1992, para 81% durante o período do inquérito, e que o preço médio de importação do referido produto, segundo informações da Eurostat, diminuiu 10%, passando de 2,8 Euros, por unidade, em 1992, para 2,5 Euros, por unidade, durante o período do inquérito, ou seja, uma margem de subcotação de 27,8%.[161]

Assim, a CE concluiu que a indústria da UE de bolsas sintéticas sofreu um prejuízo importante durante o período compreendido entre 1992 e no decorrer do inquérito, pois, além da diminuição do vo-

---

[157] ISSN 1012-9219.

[158] Disponível em: <http://eur-lex.europa.eu/legal-content/EN/ALL/?uri=OJ:L:1999:018:TOC>. Acesso em: 23 abr. 2015.

[159] Regulamento CE n. 1.567/1997, OJ L 208, 02.08.1997, (46) (47), p. 35 e 36.

[160] Regulamento CE n. 1.567/1997, OJ L 208, 02.08.1997, (86) (87), p. 39.

[161] Regulamento CE n. 1.567/1997, OJ L 208, 02.08.1997, (89) (90), p. 39.

lume de vendas, houve também uma perda de mercado, a redução do emprego e a diminuição da rentabilidade.

Confirmou-se também o nexo de causalidade, já que as bolsas sintéticas que eram fabricadas na UE eram concorrentes diretas das bolsas sintéticas que eram importadas da China.

Apurados e identificados, então, o *dumping*, o prejuízo e o nexo de causalidade, em relação à importação de bolsas sintéticas da China, a CE procedeu à análise do interesse da União e teceu as seguintes considerações:

a) a indústria comunitária de bolsas sintéticas não se beneficiará da adoção de uma medida *antidumping* definitiva, na medida em que não irá ocorrer um aumento das vendas dos fabricantes nacionais de bolsas sintéticas, uma vez que as mesmas serão importadas de outros países terceiros, a médio prazo;

b) devido à natureza do processo de produção no setor de bolsas sintéticas na UE, este pode ser transferido para outro país terceiro num prazo relativamente curto, sendo que algumas partes interessadas apresentaram elementos de prova de que essa situação já se verificou em alguns casos;

c) existem fortes motivos para crer que a maior parte dos benefícios em termos de volume e de preços resultantes de adoção de medidas *antidumping* serão favoráveis às importações de outros países terceiros, e não à indústria da UE;

d) as consequências da não criação de medidas *antidumping* para os níveis de emprego dos produtores da UE de bolsas sintéticas são relativamente limitadas: cerca de 500 postos de trabalho, tendo em conta o baixo volume de vendas na Comunidade de bolsas sintéticas produzidas pela indústria interna;

e) embora os referidos 500 postos de trabalho tenham que enfrentar a concorrência das importações de bolsas, objetos de *dumping*, originárias da China, este valor deve ser compensado com, aproximadamente, 14.000 postos de trabalho correspondentes a todo o setor da UE de produtores de bolsas;

f) o impacto negativo sobre os importadores e os comerciantes das bolsas sintéticas, decorrentes da criação das medidas *antidumping*, seria claramente despropocionado em relação ao eventual benefício à indústria da UE, a curso prazo;

g) foram identificados 4.100 postos de trabalho relativos à cadeia de distribuição de bolsas sintéticas que, certamente, seriam afetados com as medidas *antidumping*, sendo que não se previu que os níveis de emprego dos fabricantes das referidas bolsas da UE diminuiria consideravelmente, levando-se em consideração o fato de a indústria interna privilegiar os mercados de exportação;

h) em caso de adoção das medidas *antidumping*, verificar-se-á uma escassez da oferta, pelo menos a curto prazo, o que restringirá a margem de escolha dos consumidores;

i) haverá, também, impacto aos consumidores sob forma de um relativo aumento de preços.[162]

Diante do exposto, a CE, quanto ao interesse da União Europeia, chegou à conclusão de que:

4. Conclusão sobre o interesse comunitário

(111) Tendo em conta os fatos e a evolução acima referidos que divergem significativamente dos estabelecidos relativamente às bolsas de couro, considera-se que existem razões imperiosas pelas quais a criação de medidas definitivas sobre as importações de bolsas sintéticas não é do interesse da Comunidade. O impacto negativo das medidas *antidumping* definitivas sobre as importações de bolsas sintéticas originárias da República Popular da China seria desproporcionado em relação a um benefício real para a indústria comunitária.[163]

Assim, foi encerrado o processo administrativo *antidumping*, relativo às importações de bolsas sintéticas da China, sem a adoção de medidas *antidumping* em decorrência das razões imperiosas de interesse da União.

É que a CE, com base no interesse da União, identificou que as consequências da não criação de medidas *antidumping* para os níveis de emprego da indústria doméstica seriam limitadas, ou seja, 500 postos de trabalho, se comparadas com, aproximadamente, 4.100 postos de trabalho, correspondente aos comerciantes das bolsas sintéticas, optando por proteger a distribuição de renda, o pleno emprego e os importadores.

4.2.3. O caso do Sistema de Leitura Ótica por Laser utilizado em veículos a motor – SLOL

A CE, em 21 de dezembro de 1998, encerrou outro processo de *antidumping*, aberto em relação às importações dos Sistemas de Leitura Ótica por *Laser* utilizado em veículos a motor – SLOL –, originárias do Japão, da Coreia, da Malásia, da República Popular da China e de Taiwan, através da Decisão CE n. 55/1999, cuja íntegra foi publi-

---

[162] Regulamento CE n. 1.567/1997, OJ L 208, 02.08.1997, (105 a 110), p. 41.

[163] Regulamento CE n. 1.567/1997, OJ L 208, 02.08.1997, p. 41.

cada no Jornal Oficial das Comunidades Europeias n. 18,[164] na parte de Legislação, edição de 23.01.1999, páginas 62 a 65[165] (Decisão CE n. 55/1999, OJ L 18, 23.01.1999), sem aplicar medidas *antidumping* e com fundamento no interesse da União.

A Associação dos Sistemas de Leitura Óptica por *Laser* apresentou uma denúncia de prática de *dumping*, em nome dos produtores locais cuja produção representava, em seu conjunto, uma percentagem bem superior a 50% (cinquenta por cento) da produção comunitária total do referido produto.

A denúncia continha elementos de prova suficientes da existência de *dumping* e prejuízo que justificava a abertura de processo investigatório (inquérito), sendo que, em 25 de outubro de 1997, a Comissão anunciou a abertura do processo.

No decorrer do inquérito, a CE estabeleceu, em primeiro lugar, que, na realidade, o chamado Sistema de Leitura Óptica por *Laser* utilizado em veículos a motor – SLOL – é composto pelos seguintes produtos:

a) sintonizadores com leitor de discos compactos (sintonizadores com leitor de CD);

b) leitores com carregador de discos;

c) autorrádios com um dispositivo de controle de discos (autorrádio), que não poderia ser considerado como um sistema.

No entender da CE, o "autorrádio" pode funcionar de forma independente, sem um mecanismo de leitura óptica por *laser* e, de igual modo, um sintonizador com leitor de CD também pode funcionar por si só, sendo que o leitor com carregador de discos é o único dos elementos que não pode funcionar sem interligar-se a um dos outros elementos.

Assim, a CE analisou os produtos de forma separada:

a) em relação aos "autorrádios", a Associação denunciante acordou em cingir o produto aos sintonizadores com leitor de CD e aos leitores com carregador de discos, retirando a denúncia em relação ao mesmos;

b) em relação aos sintonizadores com leitor de CD, as importações originárias dos países investigados no processo não tiveram impacto prejudicial importante na situação da indústria da UE, já que existiam importações de outros países, o que determinou a inexistência no nexo de causalidade entre o *dum-*

---

[164] ISSN 1012-9219.

[165] Disponível em: <http://eur-lex.europa.eu/legal-content/EN/ALL/?uri=OJ:L:1999:018:TOC>. Acesso em: 23 abr. 2015.

ping e o prejuízo, razão pela qual o processo foi encerrado em relação a tal produto.

Com relação aos leitores com carregador de discos, o processo administrativo investigatório continuou, sendo que a CE os classificou como aparelhos de reprodução de som com um sistema de leitura por *laser*, normalmente colocado no porta-malas de um veículo a motor, e que possuem a capacidade para conter e ler vários CDs.

Quanto a esses aperelhos, a CE identificou a existência de *dumping*, prejuízo e nexo de causalidade, mas, com relação à questão do interesse da União, analisou os custos e as vantagens prováveis que a instituição de medidas *antidumping* trariam para os operadores econômicos em causa, sob os seguintes aspectos:

a) em 1996, a parte de mercado da indústria comunitária era de 0%, mas, durante o período de inquérito, só havia atingido 1,4%, assim mesmo que se verificasse uma expansão da produção, num futuro próximo, o valor total da produção representaria somente uma percentagem do montante das medidas instituídas;

b) cerca de 81% dos leitores com carregador de CD vendidos na UE durante o período do inquérito eram originários do Japão, da Coreia, da Malásia, da República Popular da China e de Taiwan;

c) quando iniciou a sua produção, a indústria da UE estava perfeitamente ciente de que o fazia numa conjuntura de baixa dos preços e de que tais produtos existiam no mercado europeu há alguns anos e vinham sendo importados pela indústria comunitária, essencialmente do Japão;

d) a indústia da UE só iniciou as suas atividades no mercado interno em 1996, quando o produto já se encontrava bem estabelecido no mercado, "ou seja, muito tardiamente";

e) é difícil avaliar a futura evolução da indústria comunitária e os eventuais efeitos benéficos da adoção de medidas *antidumping*, tendo em vista o número relativamente reduzido dos postos de trabalho imediatamente afetados em comparação às desvantagens prováveis para os consumidores;

f) o produto considerado é um eletrônico de amplo consumo e grande potencial de crescimento, sendo muito provável que a instituição de medidas *antidumping* viesse a causar grandes limitações ao poder de escolha do consumidor, já que muitos importadores e exportadores, especialmente aqueles atingidos pelas medidas *antidumping*, se retirariam do mercado europeu;

g) a forte presença dos exportadores desse produto no mercado europeu e o fato de oferecerem uma vasta gama de modelos que incluem produtos de alta qualidade implicaria que, caso se retirassem do mercado, os consumidores ficassem privados de se beneficiar das vantagens decorrentes da variedade e da evolução teconológica, e não teriam alternativa num futuro próximo;

h) nessas circunstâncias, considera-se que os interesses dos consumidores devem se sobrepor aos interesses da indústria comunitária fabricante do produto.[166]

Então, com base em todos esses argumentos, a CE considerou que a instituição de medidas *antidumping* nesse caso afetaria de forma desproporcionada os importadores, os comerciantes e os consumidores do produto em causa, razão pela qual concluiu "que o processo relativo aos leitores com carregador de discos deve ser encerrado por razões de interesse comunitário", e sem a instituição de qualquer medida, optando por proteger o bem-estar socioeconômico da UE.[167]

4.2.4. O caso do ferro-silício

A CE, em 21 de fevereiro de 2001, encerrou o processo de *antidumping* aberto em relação às importações de ferro-silício originárias do Brasil, da República Popular da China, do Cazaquistão, da Rússia, da Ucrânia e da Venezuela, a partir da Decisão CE n. 230/2001, cuja íntegra foi publicada no Jornal Oficial das Comunidades Europeias n. 84,[168] na parte de Legislação, edição de 23 de março de 2001, p. 36 a 54[169] (Decisão CE n. 230/2001, OJ L 84, edição de 23.03.2001), extinguindo as medidas *antidumping* que estavam em vigor desde 1993, por serem contrárias aos interesses da União.

Por meio do Regulamento CE n. 3359/1993, exarado em 09 de dezembro de 1993, e do Regulamento CE n. 621/94, exarado em 09 de março de 1994, a CE instituiu medidas *antidumping* aplicáveis às importações de ferro-silício originárias dos referidos países.[170]

Contudo, o Comitê de Coordenação da Indústria de Ferro-Ligas (EUROALLIAGNES) solicitou que fosse realizado um reexame da caducidade dessas medidas *antidumping*, e, após realizar consultas no

---

[166] Decisão CE n. 55/1999, OJ L 18, 23.01.1999 (18), p. 64 e 65.

[167] Decisão CE n. 55/1999, OJ L 18, 23.01.1999 (21), p. 65.

[168] ISSN 1012-9214.

[169] Disponível em: <http://eur-lex.europa.eu/legal-content/EN/ALL/?uri=OJ:L:1999:018:TOC>. Acesso em: 23 abr. 2015.

[170] Decisão CE n. 230/2001, OJ L 84, edição de 23.03.2001 (1), p. 36.

âmbito do Comitê Consultivo, a CE decidiu que havia elementos de prova suficientes para justificar o início de um reexame do processo de *antidumping*.

O inquérito prolongou-se por mais de 2 (dois) anos devido à dificuldade de obtenção de certas informações, em decorrência do elevado número de países envolvidos, e das novas adesões à UE ocorridas em 1995, sendo que foram enviados vários questionários a todas as partes conhecidas como interessadas.

Assim, vários produtores exportadores dos países em causa, bem como produtores da União Europeia e usuários industriais e um importador da UE apresentaram as suas observações por escrito, sendo que foram realizadas audiências para todas as partes que solicitaram a produção desse tipo de prova.

A CE procurou obter e analisar todas as informações que considerou necessárias para efeitos do inquérito e, por meio de diligências, procedeu às verificações *in loco* nas instalações das seguintes empresas:

a) Produtores comunitários: Ferroatlantica SL – Espanha; Pechiney Electrometallurgie – França; Vargön Alloys AB – Suécia;

b) Importadores: Considar Europe S.A. – Bélgica;

c) Produtores exportadores: Cia. Ferroligas Minas Gerais (Minasligas) – Brasil; Cia. de Ferro Ligas da Bahia (Ferbasa) S.A. – Brasil; Italmagnesio Nordeste S.A. – Brasil; Nova Era Silicon S.A. – Brasil; Rima Industrial S.A. – Brasil; Ferroatlântica de Venezuela S.A. (Ferroven) – Venezuela.[171]

Em decorrência de a China, a Rússia e a Ucrânia não serem consideradas economias de mercado, foi necessário determinar o valor normal do produto *dumpiado* tomando-se como referência um país terceiro de economia de mercado, sendo que a EUROALLIAGNES sugeriu o Brasil, requerimento esse que foi mencionado no edital de início da investigação.

O Brasil foi considerado uma escolha razoável para país análogo, tendo em vista que dentro de seu território:

a) são asseguradas uma produção e uma capacidade instalada e é registrado consumo interno do produto *dumpiado* em quantidades significativas;

b) há diversos produtores nacionais que asseguram uma forte concorrência interna, e as vendas do produto no mercado interno brasileiro representam um volume significativo;

---

[171] Decisão CE n. 230/2001 – *notificada com o número C(2001) 414* – OJ L 84, edição de 23.03.2001 (9), p. 37.

c) devido ao Brasil ser parte no presente inquérito, considerou-se provável que os produtores brasileiros colaborariam com o mesmo, respondendo, a tempo e modo, os questionários que lhes haviam sido enviados pela CE.

Diante de tal realidade, o Brasil foi escolhido para figurar na presente investigação como país análogo, e os valores normais do produto *dumpiado* foram estabelecidos com base na média ponderada dos valores normais, individualmente, das empresas brasileiras e por categoria do produto, em função do teor de silício.

No inquérito, a CE concluiu que, enquanto o volume de vendas da indústria comunitária "aumentou 21% durante o período de análise, a respectiva parte de mercado diminuía 5% sendo, por conseguinte, evidente que o crescimento desta indústria foi inferior ao aumento do consumo".[172] Concluiu também que a indústria "comunitária reduziu 9% da sua mão de obra em termos de empregos diretos na indústria de ferro-silício".[173]

A CE concluiu, ainda, que os investimentos da indústria comunitária se destinaram a reparações, "e não a importantes programas de novas instalações de fornos", e que "o impacto da margem de *dumping* real na indústria comunitária não foi considerado relevante devido ao reduzido volume de importações".[174]

Diante de tudo que foi arguido, a CE averiguou se a manutenção das medidas *antidumping* em vigor seria do interesse geral da comunidade, principalmente pelo fato de que tais medidas sobre as importações de ferro-silício estavam em vigor para Venezuela desde 1983; para o Brasil, o Cazaquistão, a Rússia e a Ucrânia desde 1987; e para a China desde 1993.

Tal avaliação tinha por objetivo demonstrar os efeitos do *antidumping* na evolução geral da indústria da UE durante o longo período em que as medidas em questão estiveram em vigor, sendo que a CE teceu as seguintes considerações sobre o interesse comunitário:

a) é evidente que a indústria comunitária não pôde se beneficiar suficientemente das medidas em *antidumping* em vigor desde 1987, tendo em vista sua incapacidade para reforçar ou mesmo manter a sua posição no mercado da UE, mesmo diante do quase desaparecimento das importações no período em vigor das medidas;

---

[172] Decisão CE n. 230/2001 – *notificada com o número C(2001) 414* – OJ L 84, edição de 23.03.2001 (102), p. 46.

[173] *Ibidem*, p. 46.

[174] *Ibidem*, p. 47.

b) é notória a perda de parte do mercado da UE, ao longo do período em que vigeram as medidas, para produtores exportadores noruegueses que ofereceram qualidades, preços e capacidades de abastecimento de ferro-silício similares ao da indústria comunitária;

c) assim, a CE pôde concluir claramente que a manutenção das atuais medidas em vigor seria contrária aos interesses da Comunidade e, por conseguinte, as medidas em causa deveriam caducar.[175]

Desse modo, ainda de acordo com as conclusões da CE, o processo administrativo deveria ser encerrado, e as medidas *antidumping,* adotadas em 09 de dezembro de 1993 pelo Regulamento CE n. 3359/93, e em 19 de março de 1994 pelo Regulamento CE n. 621/94, poderiam caducar na medida em que fossem contrárias aos interesses comunitários, ao bem-estar socioeconômico.

4.2.5. O caso dos discos versáteis digitais para gravação (DVD+/-R)

A CE, em 20 de outubro de 2006, encerrou o processo de *atidumping* aberto em relação às importações de discos versáteis digitais para gravação (DVD+/-R) originárias da China, de Hong Kong e de Taiwan, por meio da Decisão CE n. 703/2006, cuja íntegra foi publicada no Jornal Oficial das Comunidades Europeias n. 293, na parte de Legislação, edição de 24 de outubro de 2006, p. 7 a 14[176] (Decisão CE n. 703/2006, OJ L 293, 24.10.2006), sem aplicar medidas *antidumping* e com fundamento no interesse da União Europeia.

É que em 24 de junho de 2005, o Comitê dos Fabricantes Europeus de CD-R, em nome dos produtores locais, que representavam mais de 60% da produção total da UE de discos versáteis digitais para gravação (DVD+/-R), apresentaram uma denúncia de *dumping* perante a CE, trazendo elementos de prova que justificaram o início do processo.

Durante a realização do inquérito, a CE enviou questionários a todas as partes que se sabiam interessadas, entre as quais todos os produtores que participaram da denúncia; todos os demais produtores da União conhecidos; os produtores exportadores dos países em causa; os importadores; e os distribuidores.

---

[175] Decisão CE n. 230/2001 – notificada com o número C(2001) 414 – OJ L 84, edição de 23.03.2001 (130) a (134), p. 50.

[176] Disponível em: <http://eur-lex.europa.eu/legal-content/EN/ALL/?uri=OJ:L:1999:018:TOC>. Acesso em: 23 abr. 2015.

A CE recebeu vinte e duas respostas de produtores exportadores; de todos os produtores que participaram da denúncia; de um outro produtor da União; e oito importadores não coligados; e de um distribuidor, razão pela qual se utilizou o método de amostragem no processo.

Objetivando obter e verificar todas as informações necessárias para determinação do *dumping*, do prejuízo, do nexo de causalidade e do interesse da União, a CE realizou visitas de verificação às instalações das seguintes empresas:

a) *Produtores da UE:* Computer Support Italcard s.r.l. – Milão, Itália; Manufacturing Advcanced Media – Mulhouse, França; TDK Recordind Medida Europe – Luxenburgo, Bélgica; Sony DADC – Salzburg, Austria;

b) *Produtores-exportadores de Hong Kong:* UME Disc Ltd.; China Shing Manufacturing; MDA Tecnology Ltd., Giant Base Tecnology Ltd., Pop Hero Holdings Ltd., Wealth Fair Investment Ltd.;

c) *Produtores-exportadores de Taiwan:* Prodisc Tecnology Inc.; Daxon Techonology;

d) *Importadores e distribuidores independentes:* Verbantim Ltd. – Londres, Reino Unido; Maxell Europe Ltd. – Londres, Reino Unido; Philips Recordable Media – Wiesbaden, Alemanha; Sony France S.A. – Paris, França; Ingram Micro Distribution GmbH – Munique, Alemanha; SK Kassetten GmbH & Co KG – Neuenrade – Alemanha; Intenso GmbH – Vechta, Alemanha; Emtec International S.p.a. – Paris, França;

e) *Retalhistas:* Carrefour Marchandises Internationales – Paris, França; El Corte Inglês S.A. – Madrid, Espanha; FNAC S.A. – Paris, França;

f) Produtores de países análogos: Taiyo Yuden – Takasaki, Japão.[177]

O inquérito abrangeu o período de 1º de julho de 2004 a 30 de junho de 2005 e apurou e identificou a existência de *dumping*, de prejuízo e de nexo de causalidade, em relação ao referido produto. Por sua vez, a CE procedeu, também, à análise do interesse da União e teceu as seguintes considerações:

a) o consumo do produto em causa na UE registrou um aumento extraordinário no período compreendido entre os anos 2002 a 2004, de quase 16.000 pontos percentuais;

---

[177] Decisão CE n. 713/2006, OJ L 293, 24.10.2006 (7), p. 8 e 9.

b) a indústria da UE era responsável por 0% do consumo do produto DVD+/-R pela CE no ano de 2002, sendo que, até o ano de 2004, esse percentual crescera, apenas e tão somente, 0,8%;

c) durante os anos de 2002 e 2004 as importações de DVD+/-R cresceram 87%, crescimento originado nos importadores de países terceiros, além dos investigados;

d) é bastante improvável que a instituição de medidas *antidumping* proporcionasse à indústria comunitária a possibilidade de aumentar os preços para atingir um nível de rentabilidade que lhe permitisse sobreviver ou, até, quem sabe, aumentar suas vendas para reduzir os custos de produção;

e) a evolução da indústria da UE no perído de investigação mostra que nunca obteve uma parte significativa do mercado e iniciou tardiamente a sua produção de DVD+/-R;

f) todos os importadores e distribuidores e a maior parte dos retalhistas asseveraram que, caso fossem instituídas as medidas *antidumping*, o aumento dos custos daí resultante teria de ser suportado pelos consumidores;

g) alegou-se, também, que a situação da indústria comunitária teve como causa o comportameto abusivo de determinados produtores exportadores dominantes que praticavam preços de venda inferiores aos seus custos, contudo não se provou que qualquer das empresas dispunha de um poder econômico de tal ordem que inviabilizasse uma concorrência efetiva;

h) a instituição de medidas *antidumping* afetaria cerca de 90% do consumo comunitário do produto em causa e seria prejudicial para importadores, distribuidores, retalhistas e consumidores, ou seja, seria uma medida desproporcionada.[178]

Diante disso, a CE, no que concerne ao interesse da União, apresentou sua conclusão:

7. Conclusão sobre o interesse da Comunidade
(41) Tendo em conta os motivos acima expostos, exitem razões imperiosas, fundamentadas no interesse da Comunidade, para não adotar medidas *antidumping* no que respeita às importações de DVD+/-R originários dos países em causa.[179]

Tal processo foi, então, encerrado sem a adoção de medidas *antidumping* em decorrência das razões imperiosas de interesse da União, cabendo asseverar, por fim, que a CE, no bojo do presente processo, teceu importantíssima consideração a respeito dos critérios que devem ser utilizados para identificação do interesse da União:

---

[178] Decisão CE n. 713/2006, OJ L 293, 24.10.2006 (28) a (40), p. 13 e 14.
[179] Decisão CE n. 713/2006, OJ L 293, 24.10.2006 (41), p. 14.

(38) Por outro lado, embora o artigo 21º do regulamento de base determine, efetivamente, que deve ser concedida especial atenção à necessidade de eliminar os efeitos de distorção do comércio provocados por *dumping* que cause prejuízo bem com à necessidade de restabalecer uma concorrência efetiva, esta disposição deve ser entendida no contexto do interesse geral da Comunidade, tal como, aliás, se prevê no referido artigo.[180]

Com base no interesse da União, a CE, além do interesse da indústria nacional que pleiteava a instituição das medidas *antidumping*, representada pelo Comitê dos Fabricantes Europeus de CD-R, conseguiu proceder, também, à análise dos interesses dos importadores, distribuidores, retalhistas e consumidores, que seriam afetados de forma drástica.

A Comissão identificou que os efeitos das medidas *antidumping* seriam desproporcionais e optou, a partir do interesse da União, por proteger o bem-estar socioeconômico e o pleno emprego na UE.

4.3. Casos de não aplicação, redução ou suspensão de medidas *antidumping*, no Brasil, em razão do interesse público

Conforme restou demonstrado e comprovado, no Brasil, uma determinação positiva de *dumping*, de dano e de nexo de causalidade, amparada por uma investigação apropriada, constituim-se nos requisitos necessários para que uma medida *antidumping* possa ser aplicada.

Assim, o que existe, em realidade, é uma autorização para que o Governo Brasileiro possa aplicar a medida *antidumping*.

Aliás, conforme também restou comprovado, o Governo Brasileiro não está obrigado a aplicar uma medida *antidumping*, mesmo nos casos em que todos os pré-requisitos legais tenham sido atendidos, ou seja, caberá ao Governo Brasileiro a decisão discricionária de fazer uso ou não deste instrumento, sendo que uma das justificativas para a não aplicação da medida é o interesse público, como ocorreu nos casos que serão relatados e analisados a seguir.

4.3.1. O caso do MDI polimérico

Por meio da Resolução n. 41 da CAMEX, de 05 de maio de 2015, publicada no Diário Oficial da União de 07 de maio de 2015,[181] o Con-

---

[180] Decisão CE n. 713/2006, OJ L 293, 24.10.2006 (28) a (40), p. 14.

[181] Disponível em: <http://www.cames.gov/legislacao/interna/id/1393>. Acesso em: 05 jun. 2015.

selho de Ministros entendeu por bem suspender, pelo prazo de até um ano, em razão de interesse público, a cobrança do direito *antidumping* aplicado pela Resolução n. 77 da CAMEX, de 2012, às importações brasileiras de diisocianato polimétrico – MDI polimérico –, não misturado com outros aditivos, originárias dos EUA e da República Popular da China.

Ocorre que, em março de 2015, a Bayer S.A. encaminhou à Secretaria de Acompanhamento Econômico do Ministério da Fazenda expediente informando sobre o encerramento da produção de MDI polimétrico, comumente classificado no código 3909.3020 da Nomenclatura Comum do Mercosul – NCM.

A fábrica da Bayer que produz o diisocianato polimérico – MDI – é a única da América do Sul e está localizada no município de Belford Roxo, Rio de Janeiro.

O referido produto é utilizado em aplicações de espumas rígidas de poliuretanos para refrigeração, isolamento térmico e construção civil, constituindo-se, também, numa importante matéria-prima para a fabricação de embalagens, revestimentos, adesivos, além de componente de resinas aglutinantes em aglomerados de madeira e na modelagem de areia com processo de fundição de metais.[182]

A Resolução n. 28 da CAMEX, de 09 de abril de 2013, publicada em 10 de abril de 2013, sugeriu a análise, em 12 meses, dos efeitos da medida *antidumping*, estabelecida pela Resolução n. 77, de 2012, razão pela qual o GTIP, com base no art. 3º, inciso I, do Decreto n. 8.058/2013, procedeu à análise quanto à suspensão da exigibilidade da medida *antidumping* face ao encerramento definitivo da produção nacional, com fulcro no interesse público.

Diante de tal realidade, a Secretaria do GTIP encaminhou à Bayer S.A., em 03 de março de 2015, o Ofício n. 110/2015/DF COG-CI/SEAE/MF, e, em resposta protocolada em 11 de março de 2015, a empresa confirmou que "o encerramento da produção local está programado para junho de 2015, sendo que o processo de fechamento, que envolve diversas etapas antes da desativação total da fábrica, deverá ser concluído em 2017".[183]

Em 10 de março de 2015, a Associação Nacional de Fabricantes de Produtos Eletroeletrônicos – ELETROS – encaminhou ao Ministério do Desenvolvimento, Indústria e Comércio Exterior documento

---

[182] Disponível em: <http://veja.abril.com.br/noticia/economia/brasil-perdera-vantagens-comerciais-da-uniao-europeia/>. Acesso em: 05 jun. 2015.

[183] Disponível em: <http://www.cames.gov/legislacao/interna/id/1393>. Acesso em: 05 jun. 2015.

com cópia endereçada para SEAE/MF, manifestando sua preocupação com a continuidade da aplicação da medida *antidumping* sobre as importações brasileiras de MDI polimérico, "em vista dos efeitos altíssimos sobre os custos das indústrias que o utilizam como insumo".[184]

No mesmo sentido, em 31 de maio de 2015, a Whirlpool S.A., em requerimento protocolado junto à Secretaria Executiva da CAMEX, solicitou a imediata extinção da medida *antidumping*, em decorrência do fato de que haverá o encerramento definitivo da única planta produtiva de diisocianato polimérico no Brasil, deixando de existir o pressuposto essencial para a aplicação da medida.

Para a análise e o posicionamento do GTIP sobre a suspensão da medida *antidumping* definitiva, por razões de interesse público, levou-se em consideração que:

a) a medida *antidumping* definitiva aplicada ao produto encontrava-se em plena vigência, e vigeria até 31 de outubro de 2017;

b) a indústria doméstica informou que não mais sintetizará o produto no Brasil a partir de agosto de 2015;

c) a indústria doméstica é formada por uma única empresa.

Assim, o Conselho de Ministros da CAMEX, considerando o que consta do Processo SEAE/MF n. 18101.000349/2012-11, resolveu:

Art. 1º. Suspender, pelo prazo de até um ano, a cobrança do direito *antidumping* aplicado pela Resolução CAMEX n. 77, de 2012, às importações brasileiras de diisocianato difenilmetano polimérico – MDI polimérico –, não misturado como outros aditivos, com viscosidade a 25ºC de 100 a 600 mPa.s, originárias dos Estados Unidos da América e da República Popular da China, comumente classificados no item 3909.30.20 da Nomenclatura Comum do MERCOSUL – NCM.

Art. 2º. A suspensão de que trata o art. 1º foi determinada em razão de interesse público, considerando a interrupção da produção nacional do referido produto.

Assim, o Conselho de Ministros, a partir do interesse público, suspendeu a cobrança da medida *antidumping* para proteger o bem-estar socioeconômico.

4.3.2. *O caso dos laminados planos de aço silício*

Por meio da Resolução n. 74 da CAMEX, de 22 de agosto de 2014, publicada no Diário Oficial da União de 25 de agosto de 2014,[185] o

---

[184] Disponível em: <http://www.cames.gov/legislacao/interna/id/1393>. Acesso em: 05 jun. 2015.

[185] Disponível em: <http://www.camex.gov/legislacao/interna/id/1269>. Acesso em: 06 mar. 2015.

Conselho de Ministros entendeu por bem reduzir a zero o direito *antidumping* definitivo aplicado pela Resolução CAMEX n. 49, de 16 de julho de 2013, por um período de até cinco anos, as importações brasileiras de laminados planos de aço silício, denominados magnéticos, de grãos não orientados (GNO), originários da República Popular da China, República da Coreia e Taipé Chinês, para um volume de 45.000 toneladas e cujas declarações de importação sejam registradas até 15 de agosto de 2015.

Em 17 de novembro de 2013, foi protocolado na SEAE/MF o Procedimento Administrativo de Interesse Público n. 18101.000651/2013-50, por meio de petição conjunta da empresa Whirpool S.A., na condição de controladora da Empresa Brasileira de Compressores (Embraco) e da WEG Equipamentos Elétricos S.A., na qual solicitaram a suspensão do direito *antidumping* definitivo aplicado às importações brasileiras de aço GNO.

Argumentaram que a manutenção da referida medida *antidumping* "é contrária ao interesse público, pois implicará graves prejuízos à inovação tecnológica e à balança comercial brasileira",[186] bem como que utilizam o citado aço na manufatura de compressores herméticos, motores e geradores elétricos, com forte orientação exportadora, pois "são líderes em seus respectivos mercados e competem com grandes empresas que possuem acesso irrestrito ao mercado asiático de aço a GNO".[187]

A análise de interesse público foi instaurada em 26 de novembro de 2013, por meio da Resolução CAMEX n. 100, de 25 de novembro de 2013, com fundamento na cláusula de interesse público, prevista no art. 3º do Decreto n. 8.058, de 26 de julho de 2013, sendo que o GTIP, pelo referido procedimento administrativo, buscou identificar e analisar razões que levassem à conclusão clara de que a manutenção do direito *antidumping* seria contrária ao interesse público.

Durante o período de análise, foram consultadas diversas empresas potencialmente afetadas pela medida, dentre elas a produtora nacional de aços GNO e a maior indústria usuária do produto *dumpiado*, sendo importante destacar que as empresas Embraco e WEG, requerentes da análise de interesse público, "são as maiores consumidoras nacionais do produto objeto da medida *antidumping*".[188]

Cabe ressaltar, então, que a função básica dos aços para fins elétricos é de conduzir fluxos magnéticos nas máquinas elétricas, sendo

---

[186] Disponível em: <http://www.camex.gov.br/legislacao/interna/id/1269>. Acesso em: 06 mar. 2015.

[187] *Ibidem.*

[188] *Ibidem.*

que a sua aplicação é bastante ampla, uma vez que são utilizados nos núcleos de geradores e motores elétricos (de pequeno e grande portes), hidrogeradores, aerogeradores, reatores para sistemas de iluminação, medidores de energia, motores para compressores herméticos de geladeiras, freezers e ar-condicionado, estabilizadores de energia, *nobreaks*, entre outros.

Concluiu-se, então, que o aço GNO é um insumo essencial e insubstituível na produção de equipamentos de alto desempenho, já que a empresa Embraco atua com grande participação no mercado de compressores herméticos destinados à refrigeração, posição sustentada por altos investimentos em tecnologia, de modo a garantir qualidade e eficiência, pois todos os componentes produzidos pela empresa utilizam aço GNO.

No mesmo sentido, a empresa WEG utiliza o aço GNO na cadeia produtiva da maioria de seus bens, sendo líder no mercado brasileiro de motores elétricos, que são utilizados em diversos setores, desde a agricultura até a indústria do petróleo.

Infere-se, ainda, que as empresas Embraco e WEG contribuem de forma significativa para a balança comercial brasileira e realizam fortes investimentos em inovação tecnológica, e que diversas outras empresas usam o aço GNO para a fabricação de seus produtos.

Assim, o aço GNO, por ser a única matéria-prima utilizada na fabricação das lâminas magnéticas, tem uma participação elevada no custo total desse tipo de produto, e o "aumento do custo de aquisição do produto no mercado brasileiro faz com que o setor perca competitividade tanto no mercado interno como no externo, e, em algumas situações, torna-se mais viável a importação das próprias lâminas".[189]

Verificou-se, também, que os compressores herméticos, motores e geradores elétricos são alguns dos produtos "mais exportados pelo setor de eletroeletrônicos, e que as exportações desse setor registraram US$ 7,4 bilhões em 2013, sendo que os produtos citados representam cerca de 20% desse total".[190]

Por fim, apurou-se que, após a aplicação do direito *antidumping* definitivo, houve um aumento não desprezível do preço médio dos aços GNO no mercado brasileiro, "e isso gerou efeitos negativos na cadeia jusante, em decorrência da elevação nos custos dos bens que o utilizam como insumo",[191] razão pela qual a manutenção do direito

---

[189] Disponível em: <http://www.camex.gov.br/legislacao/interna/id/1269>. Acesso em: 06 mar. 2015.

[190] *Ibidem.*

[191] *Ibidem.*

A defesa nas medidas *antidumping*
por meio do interesse público no Brasil, no Canadá e na União Europeia

antidumping aplicado às importações brasileiras de aço GNO "contradiz com uma política mais ampla de desoneração das exportações e busca pelo superávit da balança comercial".[192]

Tudo isso, então, levou ao entendimento de que é do interesse público preservar a estabilidade dos preços no mercado interno de modo a evitar o aumento dos custos dos equipamentos elétricos de alta eficiência energética e as consequências negativas para as indústrias fabricantes desses equipamentos, principalmente "no que diz respeito a sua capacidade de competir com empresas estrangeiras tanto no mercado doméstico quanto em terceiros países".[193]

Assim, o Conselho de Ministros da CAMEX proferiu decisão, consubstanciada na Resolução n. 74 da CAMEX, de 22 de agosto de 2014, nos seguintes termos:

> 3. Da conclusão
> Com fundamento no inciso III do art. 3º do Decreto n. 8.058, de 2013, o Conselho de Ministros entende que existem, em razão de interesse público, motivos excepcionais que justificam a redução à zero para um volume de 45.000 (quarenta e cinco mil) toneladas, até 15 de agosto de 2015, do direito *antidumping* definitivo aplicado por meio da Resolução CAMEX n. 49, de 2013.[194]

Com base no interesse público, o Conselho de Ministros da CAMEX, além do interesse da indústria nacional fabricante do produto *dumpiado*, analisou, também, os interesses de outras indústrias, usuárias industriais do aço GNO (Whirpool S.A. controladora da Embraco, e Weg Equipamentos Elétricos S.A.).

O Conselho, a partir da investigação de interesse público levada a efeito pelo GTIP, descobriu que as indústrias usuárias do produto *dumpiado* contribuem de forma significativa para a balança comercial brasileira e realizam fortes investimentos em tecnologia, optando por preservar o bem-estar socioeconômico do país, mantendo o nível de exportações do setor.

4.3.3. O caso dos pedivelas para bicicletas

Por meio da Resolução n. 39 da CAMEX, de 22 de maio de 2014, publicada no Diário Oficial da União de 23 de maio de 2014,[195] o Con-

---

[192] Disponível em: <http://www.camex.gov.br/legislacao/interna/id/1269>. Acesso em: 06 mar. 2015.

[193] *Ibidem.*

[194] *Ibidem.*

[195] Disponível em: <http://www.camex.gov.br/legislacao/interna/id/1223>. Acesso em: 06 jun. 2015.

selho de Ministros entendeu por bem suspender, pelo prazo de um ano, por razões de interesse público, a cobrança de medida *antidumping* aplicada pela Resolução n. 75 da CAMEX, de 30 de setembro de 2013, às importações brasileiras de pedivelas fauber monobloco para bicicletas, originárias da República Popular da China.

Durante o processo de revisão da medida, foram trazidas aos autos alegações relacionadas a eventuais dificuldades financeiras enfrentadas pela Metalúrgica Duque S.A., única produtora nacional do produto e peticionária de tal revisão.

De acordo com as empresas adquirentes do produto nacional, a Metalúrgica Duque S.A. não estaria conseguindo adquirir matéria-prima (fio-máquina) para produzir pedivelas e, portanto, não estava suprindo a demanda do mercado doméstico, incorrendo em atrasos e cancelamentos de pedidos dos seus clientes.

Assim, diante da possibilidade de que pudesse vir a ocorrer, no curto prazo, um desabastecimento, o DECOM sugeriu que fosse determinado o monitoramento da regularidade do fornecimento de pedivelas ao mercado interno pela Metalúrgica Duque S.A.

Em janeiro de 2014, o DECOM enviou o primeiro questionário de monitoramento de produção à metalúrgica, com o objetivo de auferir os volumes de produção e de vendas no mercado interno e também o grau de utilização da capacidade instalada da empresa durante o ano de 2013. Além disso, seu objetivo era verificar a continuação regular do fornecimento do produto ao mercado interno.

Em decorrência de tal análise, o DECOM apurou uma diminuição significativa das vendas, produção e utilização da capacidade instalada da Metalúrgica Duque S.A., e sugeriu que o tema fosse submetido de ofício à análise do GTIP, para que avaliasse a possibilidade de suspensão da cobrança da medida *antidumping*, por razões de interesse público.

Em 17 de fevereiro de 2014, foi aberto o Processo n. 18101. 000137/2014-03, dando a incumbência ao GTIP de avaliar a real situação da referida metalúrgica, única produtora nacional do produto. O GTIP chegou às seguintes conclusões:

a) houve queda significativa de produção e de vendas de pedivelas no ano de 2013, quando comparado a períodos anteriores;

b) a partir de abril de 2013, a produção de pedivelas por parte da empresa dependeu do fornecimento de matéria-prima (fio-máquina) por parte de seus clientes (montadoras de bicicletas e distribuidoras), que o adquiriram com fabricantes de aço e o encaminharam à Metalúrgica Duque S.A. para o devido processo de manufatura;

c) os principais clientes da Metalúrgica Duque S.A. relataram atrasos nas entregas e cancelamentos de pedidos de pedivelas a partir de janeiro de 2013;

d) em 10 de abril de 2014, foi publicada, no Diário Oficial da União, a Portaria Interministerial n. 70, que desobrigou a produção, na Zona Franca de Manaus, de bicicletas sem câmbio com pedivela nacional, até que, comprovadamente, houvesse produção em escala comercial no Brasil;

e) algumas montadoras e distribuidoras de bicicletas estavam importando pedivelas fauber monobloco diretamente ou por intermédio de terceiros, para evitar a parada de suas linhas de montagem, ou estavam alterando o projeto de suas bicicletas, de forma que possam ser montadas com outros tipos de pedivela;

f) a empresa consumidora do produto pedivela informou o preço em moeda corrente nacional pago na aquisição de tal produto junto às distribuidoras nacionais de peças para bicicletas, demonstrando que o valor é praticamente o dobro do que era ofertado pela Metalúrgica Duque S.A. ao mercado brasileiro.[196]

Assim, o GTIP chegou à conclusão de que a descontinuidade da produção regular de pedivelas fauber monobloco pela Metalúrgica Duque S.A. provocou substancial mudança nas condições de mercado do produto, comprometendo seu abastecimento, de modo que a continuidade da aplicação da medida *antidumping* agrava os efeitos negativos de tal situação.[197]

Em decorrência, então, do parecer final do GTIP, o Conselho de Ministros da CAMEX proferiu decisão, consubstanciada na Resolução n. 39 da CAMEX, de 22 de maio de 2014, nos seguintes termos:

RESOLVE:

Art. 1º. Suspender, pelo prazo de um ano, a cobrança do direito antidumping aplicado pela Resolução CAMEX n. 75, de 30 de setembro de 2013, às importações brasileiras de pedivelas fauber monobloco para bicicletas, comumente classificadas no item 8714.96.00 da Nomenclatura Comum do Mercosul – NCM –, originárias da República Popular da China.

---

[196] Disponível em: <http://www.camex.gov.br/legislacao/interna/id/1223>. Acesso em: 06 jun. 2015.
[197] *Ibidem.*

Art. 2º. A suspensão referida no art. 1º foi determinada em razão de interesse público, considerando existirem alterações temporárias nas condições do mercado brasileiro de pedivelas, em vista de dificuldades enfrentadas pela indústria doméstica.[198]

Nesse processo, então, o Conselho optou por preservar os usuários industriais do produto *dumpiado*, em detrimento da fabricante nacional, protegendo, a partir do interesse público, a justiça social, pleno emprego e bem-estar socioeconômico.

4.3.4. O caso das fibras de viscose

Outro caso que merece referência é o da Resolução n. 116 da CAMEX, de 18 de dezembro de 2013, publicada no Diário Oficial da União de 20 de dezembro de 2013.[199] É ver-se que o Conselho de Ministros entendeu por bem suspender a cobrança do direito *antidumping* aplicado pela Resolução CAMEX n. 20, de 08 de abril de 2009, às importações brasileiras de fibras de viscose originárias da Áustria, da Indonésia, da China, da Tailândia e de Taipé Chinês.

É que, em 02 de novembro de 2013, a empresa JOFEGE solicitou ao Conselho de Ministros da CAMEX a suspensão do direito *antidumping* aplicado pela Resolução CAMEX n. 20, de 08 de abril de 2009, tendo em vista o encerramento da produção de fibras de viscose no Brasil, asseverando que opera no ramo têxtil desde 1991 e utiliza-se de fibras de viscose para suas atividades de fiação, tecelagem, malharia e tinturaria.

Submeteu-se, então, o caso ao GTIP, com base no art. 3º, inciso I, do Decreto n. 8.058/2013, para análise do pedido de suspensão da cobrança do direito *antidumping*, em decorrência do interesse público.

Iniciada a investigação, a empresa JOFEGE prestou informações asseverando a interrupção da produção de fibras de viscose pela Vicunha, única produtora nacional, informação que foi confirmada ao GTIP pelo Sindicato das Indústrias de Fiação e Tecelagem do Estado de São Paulo.

Cabe ressaltar que as empresas Fiação Fides; Santaconstancia Tecelagem Ltda.; Adatex S.A. Industrial e Comercial; Indústria de Feltros Sante Fé S.A.; Têxtil Carmen Ltda.; e a Associação Brasileira da Indústria de Não Tecidos Técnicos (ABINT) manifestaram-se no sentido de apoiar tal pleito.

---

[198] Disponível em: <http://www.camex.gov.br/legislacao/interna/id/1223>. Acesso em: 06 jun. 2015.

[199] Disponível em: <http://www.camex.gov.br/legislacao/interna/id/1169>. Acesso em: 06 mar. 2015.

Já a empresa Vicunha informou ao GTIP que "a retomada da produção de fibras de viscose estaria condicionada ao atendimento de algumas medidas pleiteadas junto ao Governo".[200]

No caso em tela, a conclusão do GTIP foi no sentido de que, para o pedido de suspensão de medida *antidumping* definitiva por razões de interesse público, conforme o disposto no art. 1º da Resolução CAMEX n. 13, de 29 de fevereiro de 2012, "considerou-se:

   a) que a indústria doméstica é constituída de uma única empresa produtora;

   b) a produção nacional da fibra de viscose foi interrompida;

   c) o direito aplicado tem vigência até 8 de abril de 2014".[201]

Assim, o Conselho de Ministros da CAMEX proferiu decisão, consubstanciada na Resolução n. 116 da CAMEX, de 18 de dezembro de 2013, nos seguintes termos:

> 3. Da conclusão
>
> Considerando o exposto, recomendou-se suspender a cobrança do direito *antidumping* instituído pela Resolução CAMEX n. 20, de 08 de abril de 2009, publicada no Diário Oficial da União – D.O.U. de 9 de abril de 2009, aplicado às importações de fibras de viscose de comprimento de 32 mm a 120 mm, classificadas no item 5504.10.00 da Nomenclatura Comum do MERCOSUL – NCM, originárias da Áustria, Indonésia, China, Tailândia e Taipé Chinês, até 8 de abril de 2014.[202]

O Conselho de Ministros da CAMEX, a partir do interesse público, optou por proteger o bem-estar socioeconômico do país.

4.3.5. O caso das resinas de policarbonato

Caso de suspensão de medida *antidumping*, também com fulcro no interesse público, é o objeto da Resolução n. 115 da CAMEX, de 18 de dezembro de 2013, publicada no Diário Oficial da União de 20 de dezembro de 2013,[203] por meio da qual o Conselho de Ministros entendeu por bem suspender, pelo prazo de um ano, a cobrança do direito *antidumping* aplicado pela Resolução CAMEX n. 43, de 19 de junho de 2013, às importações brasileiras de resina de policarbonato, em formas de pó, grânulo ou pellet, originárias da Tailândia. Sua duração vige até 20 de junho de 2018.

---

[200] Disponível em: <http://www.camex.gov.br/legislacao/interna/id/1169>. Acesso em: 06 mar. 2015.

[201] *Ibidem.*

[202] *Ibidem.*

[203] Disponível em: <http://www.camex.gov.br/legislacao/interna/id/1168>. Acesso em: 06 mar. 2015.

A resina de policarbonato é um termoplástico de engenharia amorfo, caracterizado por possuir, além do nível de transparência, excelente resistência ao impacto e à temperatura. É utilizada como importante matéria-prima na indústria automotiva (acrílicos) e na indústria de embalagens térmicas e fertilizantes.[204]

Em 1º de novembro de 2013, a empresa UNIGEL S.A., localizada no Polo Petroquímico de Camaçari, Bahia, protocolou junto ao Ministério do Desenvolvimento, Indústria e Comércio Exterior (MDIC) expediente informando sobre a suspensão temporária da produção de resina de policarbonato, a partir de 30 de setembro de 2013.

Cabe ressaltar que a empresa Bayer S.A., na qualidade de importadora e revendedora da resina de policarbonato, e também parte interessada no processo de investigação de *dumping*, requereu a análise da conveniência de recomendar a suspensão do direito *antidumping* definitivo para as importações brasileiras de resina de policarbonato de origem da Tailândia, em razão de interesse público, já que "a indústria doméstica suspendeu temporariamente a produção da referida resina".[205]

Submeteu-se, então, o caso à análise do GTIP, com base no art. 3º, inciso I, do Decreto n. 8.058/2013, para que fosse avaliada a possibilidade de suspensão da cobrança do direito *antidumping* vigente enquanto perdurasse a interrupção da produção da referida resina pela indústria brasileira. A primeira informação coletada foi a da Associação Brasileira da Indústria Química – ABIQUIM –, que confirmou ser a "UNIGEL é a única produtora de policarbonatos na América do Sul".[206]

Neste caso, a conclusão do GTIP foi no sentido de que, para o pedido de suspensão de medida *antidumping* definitiva por razões de interesse público, conforme o disposto no art. 1º da Resolução CAMEX n. 13, de 29 de fevereiro de 2012, "considerou-se que:

[...]

b) o direito aplicado tem duração prevista até 20 de junho de 2018;

c) a indústria doméstica informou que iria deixar de sintetizar a resina de policarbonato no Brasil; e

d) a indústria doméstica é constituída de uma única empresa produtora.[207]

---

[204] Disponível em: <https://www.sabic-ip.com/gep/Plastics/pt/ProductsAndServices/ProductLine/lexan.html>. Acesso em: 06 jun. 2015.

[205] Disponível em: <http://www.camex.gov.br/legislacao/interna/id/1168>. Acesso em: 06 mar. 2015.

[206] *Ibidem.*

[207] *Ibidem.*

Assim, o Conselho de Ministros da CAMEX proferiu decisão, consubstanciada na Resolução n. 115 da CAMEX, de 18 de dezembro de 2013, nos seguintes termos:

3. Da conclusão

Considerando o exposto, recomendou-se suspender, pelo prazo de um ano, a cobrança do direito *antidumping* instituído pela Resolução da Câmara de Comércio Exterior – CAMEX n. 43, de 19 de junho de 2013, publicada no Diário Oficial da União – D.O.U. de 20 de junho de 2013, aplicado às importações brasileiras de resina de policarbonato, comumente classificadas no item 3907.40.90 da Nomenclatura Comum do Mercosul – NCM, originárias da Tailândia.[208]

Como a referida suspensão da medida *antidumping*, por interesse público, teria vigência até o mês de dezembro de 2014, a UNIGEL protocolou junto ao DECOM, em 12 de novembro de 2014, um ofício solicitando a prorrogação, por mais um ano, da suspensão da cobrança da medida *antidumping* nas exportações, para o Brasil, de resinas de policarbonato da Tailândia.

Por sua vez, o DECOM deu ciência de tal pleito à Secretaria do GTIP que, então, em 11 de novembro de 2014, encaminhou à UNIGEL e à ABIQUIM os Ofícios n. 641/2014/DF COGCI/SEAE/MF e n. 642/2014/DF COGCI/SEAE/MF, respectivamente, com o objetivo de elucidar a situação atual da produção da resina de policarbonato por parte da indústria doméstica.[209]

A ABIQUIM apresentou resposta ao referido ofício em 27 de novembro de 2014, informando que:

a) a síntese química de resina de policarbonato permanece interrompida desde 30 de setembro de 2013;

b) a UNIGEL é a única produtora de policarbonato da América do Sul e não possui data programada para voltar a sintetizar (produzir) o produto no Brasil, decisão que depende de fatores econômicos alheios a sua vontade direta.

A UNIGEL, por sua vez, manifestou-se, concordando com a manutenção da suspensão da aplicação da medida *antidumping*, pelo prazo adicional de 12 meses, visando, inclusive, a manter a competitividade de suas operações industriais das unidades de derivados, ou seja, de compostos de policarbonato, misturas com outros polímeros e de chapas em geral, consumidoras de resina de policarbonato.

---

[208] Disponível em: <http://www.camex.gov.br/legislacao/interna/id/1168>. Acesso em: 06 mar. 2015.

[209] Disponível em: <http://www.camex.gov.br/legislacao/interna/id/1331>. Acesso em: 06 jun. 2015.

Para recomendação de prorrogação, por mais um ano, da suspensão da medida *antidumping* definitiva, por razões de interesse público, com fulcro nas disposições constantes do art. 3º, inciso I, do Decreto n. 8.058/2013, o GTIP considerou:

a) a medida *antidumping* aplicada às importações brasileiras de resina de policarbonato originárias da Tailândia encontra-se suspensa;

b) a suspensão terá vencimento em 20 de dezembro de 2014;

c) a indústria doméstica informou que a produção de resina de policarbonato no Brasil permanece interrompida, sem data programada para retomada da produção;

d) a indústria doméstica, que é constituída por uma única empresa, concorda com a manutenção da suspensão da medida *antidumping*.[210]

Assim, o Presidente do Conselho de Ministros da CAMEX proferiu decisão, consubstanciada na Resolução n. 125 da CAMEX, de 18 de dezembro de 2014, publicada no Diário Oficial da União de 22 de dezembro de 2014,[211] prorrogando, por mais um ano, a suspensão da cobrança da medida *antidumping*, por razões de interesse público, aplicada pela Resolução n. 43 da CAMEX, de 19 de junho de 2013.

Ao assim decidir, o Conselho de Ministros da CAMEX, a partir do interesse público, optou por preservar a indústria doméstica, usuária industrial do produto *dumpiado*, na medida em que a única indústria nacional informou que a produção de resina de policarbonato permanece interrompida, sem data programada para a retomada da produção.

4.3.6. O caso da Copa do Mundo – FIFA 2014

Outro caso que será objeto de análise é o que determinou a suspensão, por razões de interesse público, de medidas *antidumping* para todas as importações relativas aos Eventos da Copa das Confederações – FIFA 2013 – e da Copa do Mundo – FIFA 2014.

---

[210] Disponível em: <http://www.camex.gov.br/legislacao/interna/id/1331>. Acesso em: 06 jun. 2015.

[211] *Ibidem*.

Isso ocorreu por meio da Resolução n. 35 da CAMEX, de 15 de maio de 2013, publicada no Diário Oficial da União de 16 de maio de 2013.[212]

A CAMEX não concedia esse benefício com base no interesse público desde o mês de setembro de 2010, quando também suspendeu medidas *antidumping* nas importações de glifosato, insumo utilizado na agricultura, sendo que, desde então, dois outros pedidos foram analisados e rejeitados pela CAMEX, que manteve as medidas *antidumping* para cobertores e papel couchê.[213]

As primeiras importações que foram beneficiadas por essa resolução foram as de calçados originários da China, destinados aos voluntários que trabalharam na Copa do Mundo.[214]

De acordo com a entrevista fornecida pela Secretária de Comércio Exterior, à época, Tatiana Prazeres, ao Valor PRO:

> A medida é uma demonstração do grande esforço do governo para garantir o sucesso dos eventos, bem como para cumprir os compromissos firmados com a FIFA. Não há risco de que as importações para uso durante as Copas sirvam como pretexto para ingresso de mercadorias destinadas à venda no país, indevidamente, já que somente empresas credenciadas pela FIFA poderão se beneficiar da medida da CAMEX. As empresas que abusarem desse direito estão sujeitas a multas, entre outras punições.[215]

As empresas e pessoas físicas que se beneficiaram da referida resolução foram aquelas cujo nome, CNPJ, número de identificação fiscal, passaporte ou CPF, estava relacionado no *site* da Secretaria da Receita Federal do Brasil – SRF –,[216] *verbis*:

Quadro 5 – *Relação das empresas e pessoas que se beneficiaram da Resolução n. 35, da CAMEX*

Nome da empresa ou pessoa física	CNPJ/Identificação Fiscal/Passaporte/CPF
FIFA World Cup Brazil Assessoria Ltda.	14.049.141/0001-13
Eventos: Copa das Confederações Fifa 2013 e Copa do Mundo Fifa 2014 e correlatos	14.049.141/0001-13
HBS Brasil Ltda.	13.553.216/0001-16
Federation International de Football Association FIFA	10.454.133/0001-91

---

[212] Disponível em: <http://www.camex.gov.br/legislacao/interna/id/1066>. Acesso em: 06 mar. 2015.

[213] Disponível em: <http://www.portalcontabilsc.com.br/v3/?call=conteúdo&id=12162>. Acesso em: 30 mai. 2015.

[214] *Ibidem.*

[215] *Ibidem.*

[216] Disponível em: <http://www.receita.fazenda.gov.br/Legislacao/RegimePessoasHabilitadasParaAsCopas/RelacaodasPJIN1211.htm>. Acesso em: 30 mai. 2015.

Match Hospitality Serviços Ltda.	14.152.820/0001-13
Match Serviços de Eventos Ltda.	10.696.657/0001-99
BE Projetos Especiais SPE Ltda.	14.071.086/0001-58
Dominique Bernard Boyer	F2223125
Koichiro Kato	TZ0408169
Jay Creighton Neuhaus	710121746
2014 Fifa Word Cup Venda de Ingressos Ltda.	16.896.277/0001-84
Copa do Mundo Fifa 2014 – Comitê Organizador	10.014.746/0001-08
Match Services AG	17.321.044/0001-16
Match Hospitality AG	17.321.906/0001-00
Evento: Sorteio Final da Copa do Mundo Brasil 2014	14.049.141/0001-13
Evento: 1st Fifa Word Broadcaster Meeting	14.049.141/0001-13
Telebrás Copa S.A.	17.729.836/0001-24
Evento: 2st Fifa Word Broadcaster Meeting	14.049.141/0001-03
S.A. GL Events Services – País: França	378932354
Match Hospitality AG – País: Suíça	14.624.463/0001-39
Match Services AG – País: Suíça	10.672.347/0001-34
Federacione Italiana Giuco Calcio – F.I.G.C.	18.211.781/0001-29
S.A. GL Events Services	18.199.510/0001-03
Evento: Sorteio Final da Copa do Mundo Brasil 2014	14.049.141/0001-03
Asociación Uruguaya de Futbol	18.440.355/0001-67
Infront Hopitality Management AG	17.938.843/0001-36
HBS 2014 Ltd.	18.200.310/0001-15
Evento: Fifa Fan Fests	14.049.141/0001-03
Evento: 64th Fifa Congress (64º Congress Fifa)	14.049.141/0001-03
Media Produccion	18.984.574/0001-07
Evento: Football For Hope Festival 2014	14.049.141/0001-03
HBS 2014 ag – País: Suíça	13.496.148/0001-00
Fifa Ticketing AG – País: Suíça	15.577.714/0001-34
Deutscher Fubbal Bund EV	19.924.538/0001-10
Japan Football Association	19.940.382/0001-62
Football Federation Australia Limited	19.887.789/0001-72
Real Federacion Espanola de Fútbol	19.914.543/0001-42
United States Soccer Federation INC	19.933.590/0001-33
Korea Football Association	19.967.654/0001-17
Univision Communications INC	19.943.198/0001-75
Swiss Football Association	19.959.837/0001-90
Royal Netherlands Football Association	19.990.547/0001-00
Federação Portuguesa de Futebol	19.967.903/0001-74
Federación Costarricense de Fútbol	19.968.147/0001-06
The Footbal Association Limited	20.010.983/0001-54
Dufry South America Investimests S.A.	19.978.027/0001-81
ESPN Productions INC	19.977.802/0001-84

AGGREKO International Projects Limited	19.969.281/0001-13
Infront Hopitality Management AG	15.711.299/0001-60
Continental Reifen Deutschland GMBH	19.941.040/0001-66
Hellenic Football Federation	20.009.799/0001-13
All Russian Public Organization – Football Union of Russia	20.069.071/0001-58
Fita Travel GMBH – País: Suíça	18.039.858/0001-25
Taittinger CCVC	19.978.357/0001-77
Union Royale Belge des Societes de Fooball	20.078.715/0001-74
Federacion Mexicana de Futbol	20.256.888/0001-35
Football Federation of Bosnia and Herzegovina	19.958.455/0001-42
Federacion Nacional Autonoma de Futbol de Houduras – FENAFUTH	20.350.287/0001-97
Federation Camerounaise de Football – FECAFOTT	20.352.592/0001-18
C.S.M. Projetos Organização de Eventos SPE Ltda	18.546.933/0001-44
ZDF Zweites Deutesches Fernsehen	20.409.259/0001-06
Croatian Football Federation	20.048.612/0001-61
Federation Française de Football	20.421.956/0001-74
Podium Global Sports Logistics S.A.	14.853.880/0001-53
Japan Football Association	19.940.382/0001-61
Federação Portuguesa de Futebol	19.967.903/0001-74
United States Soccer Federation INC	19.933.590/0001-33
Korea Football Association	19.967.654/0001-17
Swiss Football Association	19.959.837/0001-90
The Football Association Limited	20.010.983/0001-54
Hellenic Football Federation	20.009.779.0001-13
Union Royale Belge des Societes de Football	20.078.715/0001-74
Football Federation of Bosnia and Herzegovina	19.958.455/0001-42
Wainer Logística Brasil Ltda	08.726.359/0001-52
Royal Netherlands Football Association	19.990.547/0001-00
Deutscher Fubbal Bund EV	19.924.538/0001-10
Federacion Mexicana de Fútbol Asociación, A.C.	20.256.888/0001-35

Cabe ressaltar que o referido caso sequer foi submetido ao GTIP, e, "com base na Garantia 3, Direitos alfandegários e impostos, firmada pelo Ministério de Estado da Fazenda",[217] o Presidente do Conselho de Ministros da Câmara de Comércio Exterior – CAMEX –, de ofício, ou seja, através de decisão monocrática, determinou:

RESOLVE:

Art. 1º. Suspender a cobrança, até 31 de julho de 2014, por razões de interesse público, dos direitos *antidumping* e das medidas compensatórias definitivas e não aplicar direitos *antidumping* e medidas compensatórias provisórias nas importações destinadas

---

[217] Disponível em: <http://www.camex.gov.br/legislacao/interna/id/1066>. Acesso em: 06 mar. 2015.

aos Eventos referidos no inciso VI do art. 2º da Lei n. 12.663, de 5 de junho de 2012, realizadas por importadores habilitados, na forma dos artigos 6º, 7º, 8º e 9º do Decreto n. 7.578, de 11 de outubro de 2011.[218]

Ao assim decidir, o Presidente do Conselho de Ministros da CAMEX, com base no interesse público, optou por preservar a distribuição de renda, pleno emprego e bem-estar socioeconômico.

A realização da Copa do Mundo FIFA no Brasil geraria empregos para vários setores, especialmente o da construção civil (construção de estádios, hotéis, infraestrutura, revitalização de áreas urbanas), bem como garantiria novos investimentos no Brasil e aumentaria, significativamente, o turismo, causando impacto no aumento do PIB.[219]

---

[218] Disponível em: <http://www.camex.gov.br/legislacao/interna/id/1066>.Acesso em: 06 mar. 2015.

[219] Disponível em: <http://www.veja.abril.com.br/idade/exclusivo/porguntas_respostas/capa_do_mundo/#9>. Acesso em 06 mar. 2015.

5. Direitos humanos

Por fim, neste capítulo, demonstra-se que o interesse público possibilita, também, que sejam analisadas questões de direitos humanos para defesa dos importadores, usuários industriais e os consumidores nas medidas *antidumping*.

É que o fato de não haver menção expressa ao termo "direitos humanos" no texto dos acordos da OMC, por si só, não tem o condão de retirar a validade das regras de direitos humanos no plano dos processos de integração econômica, já que os Estados-Membros da OMC estão juridicamente obrigados a respeitar pelo menos um tratado internacional sobre direitos humanos.

Demonstra-se, então, que consta do Preâmbulo do Acordo Constitutivo da OMC, que a liberação do comércio deve buscar e respeitar a "elevação dos níveis de vida, o pleno emprego" permitindo "a ótima utilização dos recursos mundiais em conformidade com o objetivo de um desenvolvimento sustentável", e que já existem precedentes, no Órgão de Solução de Controvérsias da OMC, impondo limitações comerciais quando o objetivo é proteger a saúde humana.

Assim, estabelece-se uma relação entre interesse público e direitos humanos, tudo para demonstrar, então, que o interesse público oportuniza a análise de questões de direitos humanos para defesa dos importadores, usuários industriais e os consumidores nas medidas *antidumping*.

5.1. O interesse público oportuniza a análise de questões de direitos humanos para defesa dos importadores, usuários industriais e consumidores, justamente para não aplicação, suspensão ou redução das medidas *antidumping*

Ao fim da Segunda Guerra Mundial, testemunhou-se a coalizão de interesses em torno de dois sistemas distintos, com pretensões universais: o do liberalismo do comércio internacional e o de proteção dos direitos humanos. É que os modernos sistemas de regulação comercial de proteção e promoção dos direitos humanos foram instituídos visando-se à manutenção da paz e da segurança internacional, justamente para a não repetição dos acontecimentos que levaram à Guerra.[220]

Ao mesmo tempo, se, empiricamente, os problemas dos dois sistemas já não respeitam os limites das fronteiras nacionais, cada vez mais ignoram a separação artificial entre direitos humanos e comércio internacional.[221]

A interdependência global, exemplificada pelas crises financeiras, pela poluição ambiental, pelo tráfico de drogas, pelo terrorismo e por outras questões transnacionais, aliado ao advento de amplos movimentos sociais e ao encolhimento das distâncias políticas, coloca as nações mundiais em um novo contexto. Os direitos humanos e o comércio internacional não são imunes a essa nova lógica: mesmo que cada vez mais técnicas, suas normas são produzidas em esferas variadas, respondem a interesses distintos (conflitantes e/ou complementares) e são elaboradas por outros atores além do Estado.[222]

Para tanto demonstrar, *primus*, forçoso é concluir que:

O interior do Direito Internacional também exibe dialéticas substanciais entre seus diversos campos e polos de produção normativa, que operam de maneira praticamente fragmentada e até mesmo dissonantes, como é o caso do Direito Internacional dos Direitos Humanos e o Direito Internacional do Comércio.[223]

Contudo, como bem asseverado por d'Ornellas e Vieira, "a OMC pode cumprir um papel inclusivo, ainda que limitado, na convergência entre direitos humanos e comércio internacional".[224]

A OMC representa um passo importante para o multilateralismo, já que, em seu âmbito, os estados têm igualdade de voto – ao contrário do ocorre na ONU, no FMI e no Banco Mundial, onde os procedimentos de voto oportunizam vantagem aos países mais ricos –,

---

[220] GASPAR, Ana Catarina da Costa. *A violação dos direitos humanos e a OMC*. 197 f. Dissertação (Mestrado) – Universidade de Lisboa, Faculdade de Direito, Lisboa, 2013. Disponível em: <http://repositorio.ul.pt/handle/10451/11797>. Acesso em: 12 jun. 2015.

[221] AMARAL JÚNIOR, Alberto do; CELLI JUNIOR, Umberto (Orgs.). *A OMC desafios e perspectivas*. São Paulo: Aduaneiras, 2014, p. 247.

[222] *Ibidem*, p. 248.

[223] D'ORNELLAS, Maria Cristina Gomes da Silva. VIEIRA, Gustavo Oliveira. Direitos humanos e comércio internacional: A necessidade da construção de pontes por meio da segurança alimentar e os novos desafios da OMC. NOMOS – *Revista do Programa de Pós-Graduação em Direito da Universidade Federal do Ceará*, v. 32, n. 2, jul./dez. 2012, p. 180. Disponível em: <http://periodicos.ufc.br/index.php/nomos/article/view/357/339>. Acesso em: 25 mai. 2015.

[224] *Ibidem*.

sendo que os debates se desenvolvem sob o olhar da opinião pública (o que não ocorria na época do GATT/1947), proporcionando a paulatina instauração de uma justiça comercial internacional, baseada em princípios de direito.[225]

No sistema multilateral de comércio, ainda que a relação entre direitos humanos e comércio internacional não tenha merecido destaque nas negociações ao longo da Rodada Uruguai, o Preâmbulo do Acordo Constitutivo da OMC reconhece, expressamente, que os países-membros objetivam:

> [...] a elevação dos níveis de vida, o pleno emprego e um volume considerável e em constante elevação de receitas reais e demanda efetiva, o aumento da produção e do comércio de bens e de serviços, permitindo ao mesmo tempo a utilização ótima dos recursos mundiais em conformidade com o objetivo de um desenvolvimento sustentável.[226]

O fato de a expressão "direitos humanos" não estar mencionada no texto dos acordos da OMC não significa que esses direitos não sejam afetados pelo comércio ou que não devam ser levados em consideração nas negociações comerciais, tampouco significa que a OMC não seja obrigada a respeitá-los.[227]

Cabe ressaltar que os Estados-Membros da OMC estão juridicamente obrigados a respeitar pelo menos um tratado internacional sobre direitos humanos e, assim, em virtude dos direitos internacionais, tais estados são, em decorrência, obrigados a só acordar regras compatíveis com os direitos humanos na OMC.[228]

Tal circunstância, então, por si só, tem o condão de estabelecer que os direitos humanos devem ser respeitados até na maneira pela qual as regras de comércio internacional são elaboradas, ou seja, nenhuma nova regra pode ser adotada sem que sejam realizadas consultas públicas sobre o tema previamente ou que grupos afetados tenham oportunidades adequadas de se informar ou contribuir no processo.[229]

No âmbito da liberação do comércio internacional, os defensores dos direitos humanos têm a sua disposição ferramentas vinculantes

---

[225] GENDREAU, Monique Chemillier. *Algo de novo na OMC*. INESC. 21.01.2008, p.1. Disponível em: <http://www.inesc.org.nr/noticias/noticias-gerais/2008/janeiro/algo-de-novo-na-omc>. Acesso em 09 jun. 2015.

[226] COSTA, Ligia Maura. Os tribunais supranacionais e a aplicação do direito comunitário: aspectos positivos e negativos. In: VENTURA, Deisy (org.). *Direito Comunitário do Mercosul*. Porto Alegre: Livraria do Advogado, 1997, p. 177-187.

[227] Guia prático sobre a OMC e outros acordos comerciais para defensores dos direitos humanos. 29.05.2007, p. 83. Disponível em: <www.dhnet.org.br/dados/guias/a_pdf/guia_pratico_dh_omc_conectas>. Acesso em: 16 jun. 2015.

[228] *Ibidem*, p. 84.

[229] *Ibidem*, p. 84.

muito poderosas, que podem forçar que os responsáveis pelas políticas comerciais assumam suas responsabilidades quanto ao respeito aos direitos humanos:

> Esses mecanismos incluem os tribunais constitucionais nacionais e as instituições nacionais de defesa dos direitos humanos, bem como os órgãos internacionais de supervisão dos direitos humanos. Dois outros mecanismos são especialmente úteis: os órgãos de supervisão dos tratados sobre direitos humanos das Nações Unidas, conhecidos como os "órgãos de tratados" (criados em virtude dos tratados), e os Relatores de Direitos Humanos das Nações Unidas, nomeados pela Comissão de Direitos Humanos, que passou a se chamar Conselho dos Direitos Humanos em junho de 2006.[230]

Assim, as regras e práticas da OMC seriam melhoradas se fossem alteradas no sentido de que reconhecessem mais expressamente as obrigações sociais e econômicas dos países em seus processos de liberação comercial, inclusive os referentes aos direitos humanos, não havendo como vicejar a argumentação daqueles que defendem que a OMC não possui mandato nessa área:

> Em primeiro lugar, o ponto de partida do debate sobre direitos humanos na OMC é esclarecer o que não é explicitamente mencionado em acordos, o que tem suscitado opiniões divergentes. Os que não desejam que os direitos humanos sejam debatidos na OMC afirmam que, uma vez que os textos jurídicos não tratam desse tema, a OMC não tem nenhum mandato nessa área ou obrigações de observar nesse terreno. Os que desejam que a OMC preste contas de suas atividades a luz dos direitos humanos argumentam a favor da inclusão de um texto explícito a esse respeito nos acordos. Ambos parecem concordar que a única maneira de fazer com que a OMC seja obrigada a prestar contas de suas atividades em relação aos direitos humanos é incorporar uma menção explícita a eles nos acordos, ou seja, enquanto a expressão direitos humanos não for incluída nos textos jurídicos da OMC, a organização não terá nenhum mandato nessa área. Como dissemos anteriormente, essa percepção é errônea, uma vez que todos os Estados Membros que compõem a OMC têm obrigações na área de direitos humanos, por mais que elas não estejam explicitamente mencionadas nos textos jurídicos da OMC.[231]

As relações entre o sistema multilateral de comércio e questões não econômicas se constituem numa das considerações teóricas mais complexas das relações internacionais.[232]

Tanto isso é verdade que a Assembleia Geral das Nações Unidas decidiu convocar a Conferência Mundial sobre Direitos Humanos que foi realizada em Viena, na Áustria, no período compreendido entre 14 e 25 de junho de 1993, com os seguintes objetivos:

---

[230] Guia prático sobre a OMC e outros acordos comerciais para defensores dos direitos humanos. 29.05.2007, p. 84. Disponível em: <www.dhnet.org.br/dados/guias/a_pdf/guia_pratico_dh_omc_conectas>. Acesso em: 16 jun. 2015..

[231] *Ibidem*, p. 92.

[232] TAIAR, Rogério; CAPUCCIO, Camila. A Organização Mundial do Comércio e os Direitos Humanos: uma relação possível? FDUPS – *Revista da Faculdade de Direito da Universidade de São Paulo – USP*, São Paulo, v. 105, jan./dez. 2010, p. 146.

(a) To review and assess the progress that has been made in the field of human rights since the adoption of the Universal Declaration of Human Rights and to identify obstacles to further progress in this area, and ways in which they can be overcome; (b) To examine the relation between development and the enjoyment by everyone of economic, social and cultural rights as well as civil and political rights, recognizing the importance of creating the conditions whereby everyone may enjoy these rights as set out in the International Covenants on Human Rights; (c) To examine ways and means to improve the implementation of existing human rights standards and instruments; (d) To evaluate the effectiveness of the methods and mechanisms used by the United Nations in the field of human rights; (e) To formulate concrete recommendations for improving the effectiveness of United Nations activities and mechanisms in the field of human rights through programmes aimed at promoting, encouraging and monitoring respect for human rights and fundamental freedoms; (f) To make recommendations for ensuring the necessary financial and other resources for United Nations activities in the promotion and protection of human rights and fundamental freedoms.[233]

Tal conferência ficou conhecida como a II Conferência Mundial sobre Direitos Humanos e teve a participação de representantes de 171 Estados-Membros da ONU. Um dos principais aspectos que tiveram relevância no que se refere ao impacto de suas resoluções para as concepções de desenvolvimento humano foi a legitimação da noção de "indivisibilidade dos direitos humanos", que "devem se aplicar tanto aos direitos civis e políticos quanto aos direitos sociais econômicos e culturais".[234]

No bojo do relatório final da referida conferência, mais especificamente no capítulo "III. Declaração de Viena e Programa de Ação",[235] restou asseverado que:

---

[233] *a)* analisar e avaliar o progresso que tem sito feito no campo dos direitos humanos desde a adoção da Declaração Universal dos Direitos Humanos e identificar os entraves a um maior progresso nesta área, e de que forma eles podem ser superados; *b)* examinar a relação entre o desenvolvimento e o resultado obtido por todos através dos direitos econômicos, sociais e culturais, bem como os direitos civis e políticos, reconhecendo a importância de criar as condições para que todos possam desfrutar destes direitos, tal como estabelecidos nos Pactos Internacionais de Direitos Humanos; *c)* examinar formas e meios para melhorar a aplicação das normas e instrumentos de direitos humanos existentes; *d)* avaliar a eficácia dos métodos e mecanismos utilizados pelas Nações Unidas no campo de direitos humanos; *e)* formular recomendações concretas para melhorar a eficácia das atividades e mecanismos das Nações Unidas no campo dos direitos humanos através de programas destinados a promover, incentivar e monitorar o respeito pelos direitos humanos e liberdades fundamentais; *f)* fazer recomendações para garantir os recursos financeiros necessários, e outros recursos para as atividades das Nações Unidas na promoção e proteção dos direitos humanos e das liberdades fundamentais. Disponível em: <http://www.unhchr.ch/huridocda/huridoca.nsf/(symbol)/A.CONF.157.23.En?OpenDocument>. Acesso em: 25 mai. 2015, tradução nossa.

[234] Disponível em: <http://www.dhnet.org.br/direitos/anthist/viena/viena.html>. Acesso em: 25 mai. 2015.

[235] "III. VIENNA DECLARATION AND PROGRAMME OF ACTION". Disponível em: <http://www.unhchr.ch/huridocda/huridoca.nsf/(symbol)/A.CONF.157.23.En?OpenDocument.> Acesso em: 25 mai. 2015, tradução nossa.

5. All human rights are universal, indivisible and interdependent and interrelated. The international community must treat human rights globally in a fair and equal manner, on the same footing, and with the same emphasis. While the significance of national and regional particularities and various historical, cultural and religious backgrounds must be borne in mind, it is the duty of States, regardless of their political, economic and cultural systems, to promote and protect all human rights and fundamental freedoms.[236]
13. There is a need for States and international organizations, in cooperation with non-governmental organizations, to create favourable conditions at the national, regional and international levels to ensure the full and effective enjoyment of human rights. States should eliminate all violations of human rights and their causes, as well as obstacles to the enjoyment of these rights.[237]

O consenso alcançado em Viena explicitou a hierarquia axiológica – sem a seletividade concreta dos interesses – inerente à interpendência dos direitos humanos no plano internacional:

> Neste sentido, poder-se-ia apontar que os direitos humanos alcançaram no plano universal, por obra da integração dos valores da convivência coletiva, normativamente positivados, o *status* de valores fundamentais. Tornaram-se, pois, parâmetros das formas de conceber a vida em sociedade, *standards* da legitimidade do poder das soberanias e como tal indicadores e balizas do *lucus standi* e da credibilidade dos Estados e de seu acesso à cooperação internacional. Os direitos humanos seriam, em outras palavras, um adquirido axiológico desvendado pelo senso majestoso da História, como diria José Guilherme Merquior, na sua análise da relação entre os valores e a História na obra de Miguel Reale.[238]

E essa regra de validade absoluta da proteção dos direitos humanos também é de ser reconhecida em processos de integração econômica, já que, conforme restou demonstrado, consta do Preâmbulo do Acordo Constitutivo da OMC, que a liberação do comércio deve buscar e respeitar a "elevação dos níveis de vida, o pleno emprego" permitindo "a utilização ótima dos recursos mundiais em conformidade com o objetivo de um desenvolvimento sustentável".

---

[236] 5. Todos os direitos humanos são universais, indivisíveis, interdependentes e inter-relacionados. A comunidade internacional deve tratar os direitos humanos globalmente de forma justa e equitativa, em pé de igualdade e com a mesma ênfase. Embora o significado das particularidades nacionais e regionais e diversos antecedentes históricos, culturais e religiosas deva ser considerado, é dever dos Estados, independentemente de seus sistemas políticos, econômicos e culturais, promover e proteger todos os direitos humanos e as liberdades fundamentais. Disponível em: <http://www.unhchr.ch/huridocda/huridoca.nsf/(symbol)/A.CONF.l57.23.En?OpenDocument>. Acesso em: 25 mai. 2015, tradução nossa.

[237] Há uma necessidade de que os Estados e as organizações internacionais, em cooperação com as organizações não governamentais, criem condições favoráveis nos níveis nacional, regional e internacional, para garantir o gozo pleno e efetivo dos direitos humanos. Os Estados devem eliminar todas as violações dos direitos humanos e suas causas, bem como os obstáculos ao gozo desses direitos. Disponível em: <http://www.unhchr.ch/huridocda/huridoca.nsf/(symbol)/A.CONF.l57.23.En?OpenDocument>. Acesso em: 25 mai. 2015, tradução nossa.

[238] LAFER, Celso. *Comércio, desarmamento, direitos humanos*. Reflexões sobre uma experiência diplomática. São Paulo: Paz e Terra, 1999, p. 194-195.

Nesse sentido, Ramos assevera que os direitos humanos são o "núcleo essencial de normas que compõe o ordenamento jurídico internacional contemporâneo, com proeminência hierárquica (material e formal) sobre as demais normas".[239]

Não há como prosperar, então, de forma válida e eficaz, a posição daqueles que defendem a falta de validade das regras de direitos humanos no plano dos processos de integração econômica, na medida em que tal entendimento "impede que haja uma reação coordenada contra as violações de direitos humanos, que impedem o fluxo livre dos fatores de proteção e que obstaculizam a defesa da qualidade de vida e da dignidade humana".[240]

A falta de respeito às garantias individuais tem o condão de afastar a própria legitimidade de um sistema integrativo qualquer e pode identificar e denunciar a existência de critérios políticos inaceitáveis nas relações internacionais.

A OMC, como organismo internacional que é, com a importância que tem e em decorrência da condição dos direitos humanos como núcleo essencial de normas que compõem o ordenamento jurídico internacional contemporâneo, não pode debater e decidir questões comerciais fulcrando-se apenas aos critérios dos tratados comerciais.[241]

O sistema de proteção dos direitos humanos e o sistema garantidor do livre comércio internacional evoluíram de forma diferente, ou seja, enquanto o primeiro seguiu um projeto antropocêntrico, a partir, sobretudo, da DUDH, o segundo fundamentou-se em uma tendência centrada no estado e na defesa dos interesses econômicos.[242]

Contudo, Petersmann, há tempos, reitera a sua opinião no sentido de que existe a necessidade e a possibilidade da incorporação de uma perspectiva de direitos humanos no âmbito da OMC.[243] O Professor defende que:

> In order to remain democratically acceptable, global integration law (e.g. in the WTO) must pursue not only 'economic efficiency' but also 'democratic legitimacy' and 'social

---

[239] RAMOS, André de Carvalho. *Direitos Humanos na integração econômica*. São Paulo: Renovar, 2008, p. 30.

[240] *Ibidem*, p. 35.

[241] DISENHA, Rui Carlos. *Interpretação antropocêntrica:* uma proposta hermenêutica para uma Organização Mundial do Comércio democrática. JURIS – Revista da Faculdade de Direito da Universidade Federal do Rio Grande, v. 13, 2008, p. 64. Disponível em: <www.seer.furg.br/juris/article/viem/3170>. Acesso em: 14 jun. 2015.

[242] *Ibidem*, p. 65.

[243] TAIAR, Rogério; CAPUCCIO, Camila. *A Organização Mundial do Comércio e os Direitos Humanos:* uma relação possível? FDUPS – Revista da Faculdade de Direito da Universidade de São Paulo – USP, São Paulo, v. 105, jan./dez. 2010, p. 149.

justice' as defined by human rights. Otherwise, citizens will rightly challenge the democratic and social legitimacy of integration law if it pursues economic welfare without regard to social human rights.[244]

Confira-se, a propósito, a seguinte manifestação de Petersmann em artigo publicado no *Europen Journal of International Law*:

The new opportunities for the worldwide enjoyment of human rights created by the global division of labour (such as additional economic resources, job opportunities, worldwide communication systems, and access to new medicines and technologies) must be accompanied by the stronger legal protection of social human rights so as to limit abuses of deregulation (e.g. by international cartels, trade in drugs and arms, and trafficking in women and children), help vulnerable groups to adjust to change without violation of their human rights, and put pressure on authoritarian governments to protect not only business interests but also the human rights of all their citizens.[245] (2002, p. 624)

Petersmann defende que a OMC, sem dúvida, aumentaria a sua legitimidade e aceitação como instituição se levasse a efeito o reconhecimento explícito das obrigações de direitos humanos num contexto jurídico relevante para a interpretação e aplicação das suas regras.[246]

Várias são as razões em que o autor fulcra seu entendimento no sentido de que os direitos humanos devem ser incorporados como contexto jurídico relevante para a OMC, destacando o art. 3:2 do Entendimento do Órgão de Solução de Controvérsias:

Art. 3:2. Os membros reconhecem que este serve para preservar os direitos e obrigações dos membros sob os acordos cobertos, e para clarificar as provisões existentes

---

[244] Para que um ordenamento legal de integração global, como é a OMC, permanecer democraticamente vigente, deve buscar não só a "eficiência econômica", mas também a "legitimidade democrática" e "justiça social", como definidos no âmbito dos direitos humanos, pois, caso contrário, os cidadãos desafiarão a legitimidade democrática e social da lei de integração, já que busca o bem-estar econômico sem levar em consideração os direitos sociais humanos. (PETERSMANN, Ernst-Ulrich. *Time for a United Nations 'Global Compact' for Integrating Human Rights into the Law of Worldwide Organizations:* Lessons from European Integration. EJIL – Europen Journal of International Law, v. 13, jun. 2002, p. 624, tradução nossa). Disponível em: <http://www.ejil.org/pdfs/13/3/488.pdf. DOI 10.1093/ejil/12.3.621>. Acesso em: 25 mai. 2015.

[245] As novas oportunidades para o gozo dos direitos humanos em todo o mundo, criadas pela divisão global do trabalho (tais como recursos econômicos adicionais, oportunidades de emprego, sistemas de comunicação global, e acesso a novos medicamentos e tecnologias), devem ser acompanhadas da proteção jurídica dos direitos sociais humanos, de forma a limitar os abusos decorrentes da falta de regulamentação (por exemplo, cartéis internacionais, comércio de drogas e armas e tráfico de mulheres e crianças), ajudar os grupos vulneráveis a se ajustar à alteração sem violação dos seus direitos humanos, e pressionar as autoridades governamentais para proteger não só os interesses das empresas, mas também os direitos humanos de todos seus cidadãos. (PETERSMANN, Ernst-Ulrich. *Time for a United Nations 'Global Compact' for Integrating Human Rights into the Law of Worldwide Organizations:* Lessons from European Integration. EJIL – Europen Journal of International Law, v. 13, jun. 2002, p. 624, tradução nossa). Disponível em: <http://www.ejil.org/pdfs/13/3/488.pdf. DOI 10.1093/ejil/12.3.621>. Acesso em 25 mai. 2015.

[246] PETERSMANN, Ernst-Ulrich. FRANCIONI, Francesco. *Humann Rigts in International Investment law and arbitration.* New York: Oxford University Press, 2009. *Passim.*

nesses acordos, em concordância com regras costumeiras de interpretação do Direito Internacional.[247]

É ver-se, por exemplo, que o Canadá impugnou na OMC uma proibição francesa de importações do produto "amianto" com base no argumento de que a proibição era incompatível com as regras da Organização. Contudo, em 12 de março de 2001, o Órgão de Apelação da OMC declarou que a proibição francesa era válida em conformidade com a exceção prevista para regras da OMC, que autoriza a imposição de limitações comerciais quando o objetivo é proteger a saúde humana.[248]

Conforme defende Amaral Júnior, "a promoção dos direitos humanos, o combate à degradação ambiental e a prestação de auxílio às vítimas de conflitos armados ou de catástrofes são causas que induzem à aglutinação dos interesses no âmbito transnacional".[249]

Os países contratantes e membros, em decorrência da regra fundamental de transparência no GATT e na OMC, são obrigados a informar, de modo amplo, o conteúdo da política comercial por si adotada, já que a concessão de subsídios a certo setor industrial ou a restrição ao ingresso de bens estrangeiros, muitas vezes, extravasam o âmbito doméstico, afetando as exportações de outros países.[250]

No mesmo sentido:

1. In its resolution 54/165 of 17 December 1999, the General Assembly requested the Secretary-General, taking into account the different views of Member States, to submit a comprehensive report on globalization and its impact on the full enjoyment of all human rights to the General Assembly at its fifty-fifth session.[251] (2000, p. 2)

Em 31 de agosto de 2000, o referido relatório preliminar foi apresentado à Assembleia Geral da ONU, sendo que, em seu bojo, foram feitas as seguintes, importantíssimas, considerações:

---

[247] TAIAR, Rogério; CAPUCCIO, Camila. *A Organização Mundial do Comércio e os Direitos Humanos:* uma relação possível? FDUPS – Revista da Faculdade de Direito da Universidade de São Paulo – USP, São Paulo, v. 105, jan./dez. 2010, p. 145.

[248] Guia prático sobre a OMC e outros acordos comerciais para defensores dos direitos humanos. 29.05.2007, p. 84. Disponível em: <www.dhnet.org.br/dados/guias/a_pdf/guia_pratico_dh_omc_conectas>. Acesso em: 16 jun. 2015.

[249] AMARAL JÚNIOR, Alberto do. *Introdução do direito internacional público.* São Paulo: Atlas, 2008, p. 395.

[250] *Ibidem*, p. 379.

[251] 1. Em decorrência da Resolução da ONU nº 54/165 de 17 de dezembro de 1999, a Assembleia Geral da referida organização solicitou ao Secretário-Geral a apresentação de relatório detalhado sobre globalização e seu impacto sobre o pleno gozo de todos os direitos humanos. (Globalization and its Impact on the Full Enjoyment of Human Rights, E/CN.4/Sub.2/2000/1 3, 15 de Junho de 2000, p. 2, tradução nossa). Disponível em: <http://www.unhchr.ch/Huridocda/Huridoca.nsf/(Symbol)/E.Cn.4.Sub.2.2000.13.En?Opendocument>. Acesso em: 25 mai. 2015.

10. While various national, regional as well as international rules and policies drive many of the processes of globalization, in particular liberalization, deregulation and privatization, the trade rules established within the framework of the World Trade Organization (WTO) Agreement (the WTO agreements) and the macroeconomic policies of international financial institutions have a particularly strong influence in shaping the workings of the global economy. A review of the global economy as it functions within the framework of the policies of the international financial institutions and the rules of WTO will assist in establishing the extent to which an enabling environment supportive of the enjoyment of human rights exists.

[...]

11. The global economy is of course only one aspect in the creation of a social and international order conducive to the enjoyment of human rights.

[...]

13. There is an unavoidable link between the international trading regime and the enjoyment of human rights.

[...]

15. The WTO agreements seek to create a liberal and rules-based multilateral trading system under which enterprises from Member States can trade with each other under conditions of fair competition. The goals of WTO itself link the objectives of increasing living standards, full employment, the expansion of demand, production and trade in goods and services with the optimal use of the world's resources, in accordance with the objective of sustainable development. The agreements seek to achieve these ends by establishing rules geared towards reducing barriers to trade and ensuring respect for the principle of non-discrimination among Member States.

[...]

16. The goals and principles of the WTO agreements and those of human rights law do, therefore, share much in common. Goals of economic growth, increasing living standards, full employment and the optimal use of the world's resources are conducive to the promotion of human rights, in particular the right to development. Parallels can also be drawn between the principles of fair competition and non-discrimination under trade law and equality and non-discrimination under human rights law.[252] (2000, p. 3-4).

---

[252] 10. Embora várias regras e políticas de âmbito nacional, regional, bem como internacional, conduzem muitos dos processos de globalização, em particular, a liberalização, desregulamentação e privatização, as regras do comércio estabelecidas no âmbito do Acordo da OMC, e as políticas macroeconômicas das instituições financeiras internacionais tem uma forte influência na formação do funcionamento da economia global. Uma avaliação da economia global e seu funcionamento, no âmbito das políticas das instituições financeiras internacionais e as regras da OMC, vão ajudar a estabelecer a que ponto um ambiente de apoio ao gozo de direitos humanos existe. [...] 11. A economia global é, naturalmente, apenas um aspecto na criação de uma ordem social internacional propícia para o gozo dos direitos humanos. [...] 13. Existe uma ligação inevitável entre o regime de comércio internacional e o gozo de direitos humanos. [...] 15. A OMC, através de Acordos, busca criar um sistema de comércio multilateral liberal baseado em regras sob o qual empresas dos Estados-Membros podem negociar umas com as outras em condições de concorrência leal. Os objetivos da OMC estão ligados a aumentar o padrão de vida, o pleno emprego, a expansão da demanda, produção e comércio de bens e serviços com a ótima utilização dos recursos do mundo, de acordo com os objeitos do desenvolvimento sustentável. Os Acordos buscam alcançar esses fins, estabelecendo regras voltadas para a redução das barreiras ao comércio e assegurar o respeito pelo princípio da não-discriminação entre os Estados-Membros. [...] 16. Os

Tais manifestações demonstram que a ONU, há tempos, identificou a necessidade de que o tema "direitos humanos" seja considerado no âmbito das relações comerciais em nível mundial.

A própria Convenção de Viena sobre o Direito dos Tratados, concluída em 23 de maio de 1969 e incorporada à legislação brasileira pelo Decreto n. 7.030, de 14 de dezembro de 2009, determina, na Seção 3, "Interpretação dos Tratados", especialmente em seu artigo 31, 3, c:

Artigo 31. Regra Geral de Interpretação

[...]

3. Serão levadas em consideração, juntamente com o contexto:

[...]

c) quaisquer regras pertinentes de Direito Internacional aplicáveis às relações entre as partes.[253]

Pode-se ainda sustentar, com fulcro nas disposições constantes do art. 32, b, da referida Convenção, que trata dos "Meios Suplementares de Interpretação", que, se a interpretação de qualquer tipo de tratado ou acordo internacional ocorrer de forma contrária aos direitos humanos, será, sem dúvida, manifestamente absurda ou desarrazoada,[254] *verbis*:

Artigo 32. Pode-se recorrer a meios suplementares de interpretação, inclusive aos trabalhos preparatórios do tratado e às circunstâncias de sua conclusão, a fim de confirmar o sentido resultante da aplicação do artigo 31 ou de determinar o sentido quanto a interpretação, de conformidade com o artigo 31.

[...]

b) conduz a um resultado que manifestamente absurdo ou desarrazoado.[255]

Assim, analisando-se o sistema jurídico internacional de interpretação dos tratados internacionais, vê-se que o posicionamento pela

---

objetivos e princípios dos acordos da OMC e os da lei dos direitos humanos tem, portanto, muito em comum. Objetivos de crescimento econômico, aumento do padrão de vida, pleno emprego, ótima utilização dos recursos mundiais são favoráveis à promoção dos direitos humanos, em particular o direito ao desenvolvimento. Paralelos podem ser traçados entre os princípios da concorrência leal e da não discriminação sob a lei do comércio, e da igualdade e da não discriminação sob a lei de direitos humanos. (*Globalization and its Impact on the Full Enjoyment of Human Rights*, E/CN.4/Sub.2/2000/l 3, 15 de Junho de 2000, tradução nossa). Disponível em: <http://www.unhchr.ch/Huridocda/Huridoca.nsf/(Symbol)/E.Cn.4.Sub.2.2000.13.En?Opendocument>, p. 3-4. Acesso em: 25 mai. 2015.

[253] Disponível em: <http://www.planalto.gov.br/ccivil_03/_Ato2007-2010/2009/Decreto/D7030.htm>. Acesso em 14 jun. 2015.

[254] DISENHA, Rui Carlos. *Interpretação antropocêntrica:* uma proposta hermenêutica para uma Organização Mundial do Comércio democrática. JURIS – Revista da Faculdade de Direito da Universidade Federal do Rio Grande, v. 13, 2008, p. 66. Disponível em: <www.seer.furg.br/juris/article/viem/3170>. Acesso em: 14 jun. 2015.

[255] Disponível em: <http://www.planalto.gov.br/ccivil_03/_Ato2007-2010/2009/Decreto/D7030.htm>. Acesso em 14 jun. 2015.

aplicação de um critério literal-restritivo em relação à proteção dos direitos humanos não encontra qualquer sustentação, ou seja, um organismo internacional não pode deixar de aplicar interpretações com a proteção dos direitos humanos.

De tal modo, identifica-se que a possibilidade de diálogo entre a OMC e os Direitos Humanos relaciona-se, justamente, às próprias regras hermenêuticas de interpretação dos tratados internacionais, ou seja, à Convenção de Viena sobre o Direito dos Tratados de 1969:

> Vê-se desde logo tal possibilidade pela isenção da cláusula geral da "boa-fé" no *caput* do art. 31, com critério que deve orientar a interpretação tratadista. Se há interpretação, ele deve ser de boa-fé, e, nesse compasso, não há como interpretar eventual conflito constituído entre dois países, ou empresa e país, por exemplo, pela prática de *dumping* de seus produtos, aceitando-os do ponto de vista comercial, sem sequer questionar a questão da saúde, do trabalho e da dignidade da vida humana. Não há boa-fé na interpretação que ofusque os valores primordiais do ser humano, logo, qualquer interpretação, por mais restritiva que seja, acabará por ofender a CV/69, à medida que desrespeitará a boa-fé.[256]

Contudo, não só a Convenção de Viena sobre o Direito dos Tratados de 1969 abre espaço para a interpretação mais ampla sobre a aplicação e o respeito aos direitos humanos no âmbito dos tratados multilaterais, os acordos da própria OMC também o permitem.

Além disso, desde a entrada em vigor da OMC, seus Países-Membros vêm trazendo, em seus argumentos jurídicos, noções relacionadas à proteção dos direitos humanos perante o Órgão de Solução de Controvérsias – OSC –, sendo que a maior parte dos casos submetidos a tal Órgão tem como fundamento jurídico as exceções:

a) do artigo XX do Acordo GATT/1994;

b) do artigo XIV do Acordo GATS;

c) do artigo 27 do Acordo TRIPS.[257]

A noção de direitos humanos de nova geração inclui justiça social, distribuição de renda, pleno emprego, segurança e saúde no ambiente de trabalho e bem-estar socioeconômico.[258] As cláusulas de exceção são mecanismos de soberania que permitem aos Estados-Membros

---

[256] DISENHA, Rui Carlos. *Interpretação antropocêntrica:* uma proposta hermenêutica para uma Organização Mundial do Comércio democrática. JURIS – Revista da Faculdade de Direito da Universidade Federal do Rio Grande, v. 13, 2008, p. 67-68. Disponível em: <www.seer.furg.br/juris/article/viem/3170>. Acesso em: 14 jun. 2015.

[257] COSTA, Ligia Maura. *Os direitos humanos no órgão de solução de controvérsias da OMC:* demolindo obstáculos e construindo pontes. REDIDH – Revista de Direito Internacional dos Direitos Humanos, v. 1, n. 1, jul./set. 2013, p. 80-81. Disponível em: <http://www.revistadidh.com.br/ojs/index.php/REDIDH/article/view/14>. Acesso em: 14 jun. 2015.

[258] *Ibidem*, p. 83.

discutirem os seus interesses e suas obrigações, objetivando privar os efeitos das obrigações subscritas no âmbito da OMC.

Pois bem, o art. XX do GATT/1994 permite que se estabeleçam restrições comerciais unilaterais decorrentes da aplicação de políticas de ordem pública, e não de ordem econômica, *verbis*:

ARTIGO XX

EXCEÇÕES GERAIS

Desde que essas medidas não sejam aplicadas de forma a constituir quer um meio de discriminação arbitrária, ou injustificada, entre os países onde existem as mesmas condições, quer uma restrição disfarçada ao comércio internacional, disposição alguma do presente capítulo será interpretada como impedindo a adoção ou aplicação, por qualquer Parte Contratante, das medidas:

(a) necessárias à proteção da moralidade pública;

(b) necessárias à proteção da saúde e da vida das pessoas e dos animais e à preservação dos vegetais;

[...]

(e) relativas aos artigos fabricados nas prisões:

[...]

(g) relativas à conservação dos recursos naturais esgotáveis, se tais medidas forem aplicadas conjuntamente com restrições à produção ou ao consumo nacional;[259]

Dessa forma:

a) a "moralidade pública" inevitavelmente protege a natureza, a dignidade e a capacidade humana, que é extraída do conjunto de valores de uma sociedade, a preservação dos interesses fundamentais de uma sociedade;

b) a "saúde e vida das pessoas" incluem, por certo, os direitos à alimentação, à saúde, ao trabalho, à vida digna;

c) a "ordem", sem dúvida, pode caracterizar o direito do Estado de punir (prender), mas, também, a sua obrigação de reinserir o cidadão na sociedade.[260]

Cabe ressaltar que a jurisprudência da OMC já se manifestou, mais de uma vez, em relação às exceções fundadas na letra "b" do art. XX do GATT/1994, no precedente *European Communities: Measures Affecting Asbestos and Asbestos-Containing Produts*,[261] *verbis*:

---

[259] Disponível em: <http://www.mdic.gov.br/arquivo/secex/omc/acordos/gatt47port.pdf>. Acesso em: 14 jun. 2015.

[260] DISENHA, Rui Carlos. *Interpretação antropocêntrica:* uma proposta hermenêutica para uma Organização Mundial do Comércio democrática. JURIS – Revista da Faculdade de Direito da Universidade Federal do Rio Grande, v. 13, 2008, p. 69. Disponível em: <www.seer.furg.br/juris/article/viem/3170>. Acesso em: 14 jun. 2015.

[261] Disponível em: <http://www.wto.org/english/tratop_e/deispu_e/135abr.doc>. Acesso em: 14 de jun. 2015.

[...] o OSC ressalta que o Artigo XX (b) seria privado de *seu effet utile* se suas disposições não servissem para permitir a um Membro de adotar e implementar medidas necessárias à proteção humana, à vida ou saúde e conclui que: A avaliação dos evidentes riscos à saúde oriundos das propriedades físicas do produto, permite que uma medida inconsistente com o Artigo III:4 seja justificada pelo Artigo XX (b) [...]. No caso, o objetivo buscado pela medida é a preservação da vida humana e da saúde através da eliminação ou redução [...] de asbestos. O valor buscado é tão vital quanto importante no mais alto nível.[262]

Resta demonstrado, então, que já há pelo menos um precedente da OMC, por meio do seu OSC, em favor da proteção da nova geração dos direitos humanos, particularmente a proteção da saúde, nos termos dos acordos multilaterais.

Em relação ao Acordo GATS, pode ser citado o precedente United States – Measures Affecting the Cross-Border Suply of Gambling and Betting Services:[263]

OSC teve a oportunidade de afirmar que no contexto do Artigo XIV (a), a parte reclamante deve demonstrar que a medida é necessária para atingir os objetivos relacionados à moral ou à ordem pública. E, também, que não há outra medida disponível consistente com as disposições da OMC. Só quando respeitados esses requisitos é que a exceção do Art. XIV do GATS pode ser buscada. No caso citado, os Estados Unidos não conseguiram demonstrar que a referida medida era necessária à proteção da moral e da ordem pública e muito menos que não haveria outra medida disponível nos demais Acordos da OMC. Sua queixa foi, portanto, rejeitada pelo OSC.[264]

Por fim, no âmbito do Acordo TRIPS, o art. 27, 2, determina:

Artigo 27

Matéria Patenteável

[...]

2. Os Membros podem considerar como não patenteáveis invenções cuja exploração em seu território seja necessário evitar para proteger a ordem pública ou a moralidade, inclusive para proteger a vida ou a saúde humana, animal ou vegetal ou para evitar sérios prejuízos ao meio ambiente, desde que esta determinação não seja feita apenas por que a exploração é proibida por sua legislação.[265]

---

[262] COSTA, Ligia Maura. *Os direitos humanos no órgão de solução de controvérsias da OMC:* demolindo obstáculos e construindo pontes. REDIDH – Revista de Direito Internacional dos Direitos Humanos, v. 1, n. 1, jul./set. 2013, p. 86. Disponível em: <http://www.revistadidh.com.br/ojs/index.php/REDIDH/article/view/14>. Acesso em: 14 jun. 2015. Disponível em: <http://www.mdic.gov.br/arquivo/secex/omc/acordos/gatt47port.pdf>. Acesso em: 14 jun. 2015.

[263] Disponível em: <http//www.wto.org/english/tratop_e/dispu_e/cases_e/ds285_e.htm>. Acesso em: 14. jun. 2015.

[264] COSTA, *op. cit.*, p. 89.

[265] Disponível em: <http://www2.cultura.gov.br/site/wp-content/uploads/2008/02/ac_trips.pdf>. Acesso em: 14 jun. 2015.

Desta forma, embora a proteção das invenções por meio de uma patente seja um dos objetivos do Acordo TRIPS, tal proteção não será outorgada para proteger a ordem pública ou moralidade, a vida ou a saúde humana, animal ou vegetal.

Confira-se, ainda, o quanto asseverado pela Professora Costa, no que concerne à Declaração sobre o Acordo TRIPS e Saúde Pública:[266]

> A Declaração sobre o Acordo TRIPS e Saúde Pública, tem como fundamento o Art. 31 do Acordo TRIPS e, reconhece, portanto, a gravidade dos problemas da saúde pública que afligem muitos países em desenvolvimento e de menor desenvolvimento relativo, especialmente em relação à AIDS/HIV, tuberculose, malária e outras epidemias. E os Países Membros concordam que o Acordo TRIPS não impede e não deve impedir que os Membros tomem medidas para a proteção da saúde pública. Diante dessas premissas e reiterando as obrigações do Acordo TRIPS, o Parágrafo 5 da Declaração sobre o Acordo TRIPS e Saúde Pública reafirma o direito dos Países Membros de fazer uso da flexibilidade prevista no Acordo TRIPS. Sem dúvida, a aplicação da Declaração sobre o Acordo TRIPS e Saúde Pública para a proteção dos direitos sociais da nova geração é possível e prevista pelos Acordos da OMC. Entretanto, até o momento, o OSC não teve a oportunidade de se manifestar a esse título.[267]

Dessa forma, há discricionariedade para que os acordos comerciais multilaterais celebrados na OMC, inclusive o AAD/1995, busquem garantir e proteger o gozo pleno e efetivo dos direitos humanos.

E, conforme o que foi desenvolvido no capítulo 4 desse livro, o mesmo AAD/1995 que autoriza os governos dos Países-Membros a aplicarem uma medida *antidumping* até o limite da margem de *dumping* não proíbe que esses mesmos governos possam, também, suspender, reduzir ou deixar aplicar uma medida *antidumping*, e o que pode ou deve motivar tal decisão ou os critérios necessários para justificá-la.

Nesse sentido, identifica-se que o art. 3.5 do AAD/1995, determina que "as Autoridades podem, também, examinar quaisquer outros fatos que tenham conhecimento, além das importações objeto *dumping*" e que entre os "fatores que podem ser relevantes a este respeito constam [...] a diminuição da demanda ou mudanças nos padrões de consumo, práticas comerciais restritivas entre produtores estrangeiros e nacionais e a concorrência entre si [...]".

---

[266] Disponível em: <http://www.wto.org/english/thento_e/minist_e/mindecl_trips_e.htm>. Acesso em: 14 jun. 2015.

[267] COSTA, *op. cit.*, p. 90. Disponível em: <http://www.revistadidh.com.br/ojs/index.php/RE-DIDH/article/view/14>. Acesso em: 14 jun. 2015.

Assim, o interesse público a ser considerado na aplicação de medidas *antidumping* possui o condão de unir mundos com interesses, normalmente, vistos como conflitantes, quais sejam:

a) o mundo do setor industrial produtivo nacional beneficiado por uma medida *antidumping*;

b) e o mundo composto pelo restante da economia caracterizada como sendo a parte consumidora dos produtos *dumpiados*, seja na forma de matéria-prima (importadores e/ou usuários industriais), seja na forma de produtos acabados (consumidores), mundos esses que, sem dúvida, sofrerão os efeitos dessas medidas consubstanciados na elevação de preços ou até na falta de produtos.

Assim, uma determinação prevendo a consideração e análise do interesse público, na condição de requisito para instituição, ou não, de medidas *antidumping*, tem como objetivo, justamente, permitir a identificação de razões de direitos humanos para determinar a não aplicação, redução ou suspensão das medidas *antidumping*, na defesa dos interesses dos importadores, usuários industriais e consumidores.

E foi justamente o que fizeram os Países-Membros da OMC – Brasil, Canadá e UE –, aproveitando-se dessa discricionariedade do AAD/1995, ao instituírem a consideração do interesse público em suas legislações internas de *antidumping*.

No quadro abaixo, demonstra-se que o exame do interesse público no âmbito dos processos de *antidumping*, devidamente analisados nos capítulos 7, 9 e 11, proporcionou que fossem consideradas várias razões de direitos humanos de nova geração (justiça social, distribuição de renda, pleno emprego e bem-estar socioeconômico) para não aplicação, redução ou suspensão de tais medidas, na defesa dos interesses dos importadores, usuários industriais e consumidores:

Quadro 6 – Casos de não aplicação, redução ou suspensão de medidas *antidumping* por razões de interesse público

País	Caso	Interesse público: (questões originárias da situação dos importadores, usuários industriais e consumidores)
Canadá	Comidas industrializadas para bebê	Criação de monopólio causa prejuízo às famílias de baixa renda; O produto se tornou uma parte importante da alimentação dos bebês canadenses entre 4 e 18 meses de idade; Redução da oferta aos consumidores; Risco de desabastecimento; Prejuízo aos pequenos varejistas com possível monopólio; os pais não são capazes (habilidades), não dispõem de tempo ou aparelhos para fabricar, em casa, comidas para bebês; Risco à saúde dos bebês em decorrência de má alimentação. (Justiça social, bem-estar socioeconômico, saúde)

Canadá	Fio de aço inoxidável	Redução da concorrência em termos de negociação de preços, causando prejuízo aos consumidores. (Bem-estar socioeconômico)
UE	Resina de goma	Os efeitos das medidas sobre os usuários industriais seriam imensamente desproporcionais aos benefícios das mesmas para indústria comunitária; O produto é utilizado por muitas indústrias comunitárias que geram muitos empregos. (Pleno emprego)
EU	Bolsas de folhas de plástico ou de matérias têxteis	Risco de desemprego de 14.000 trabalhadores da cadeia de distribuição do produto; escassez da oferta do produto reduzindo a margem de escolha dos consumidores; Impacto aos consumidores com aumento de preços. (Distribuição de renda e pleno emprego)
EU	Discos versáteis digitais para gravação (DVD+R)	Aumento de preço para os consumidores; O benefício causado à indústria nacional seria menor do que o prejuízo que seria causado aos importadores dos produtos. (Bem-estar socioeconômico)
Brasil	MDI polimérico	A interrupção da produção nacional do produto dumpiado poderia provocar desabastecimento para os usuários industriais. (Bem-estar socioeconômico)
Brasil	Laminados planos de aço silício	Preservar a estabilidade dos preços no mercado interno de modo a evitar aumento dos custos para os usuários industriais. (Bem-estar socioeconômico)
Brasil	Fibras de viscose	Monopólio da indústria doméstica; A produção do produto foi interrompida pela indústria doméstica; Desemprego. (Bem-estar socioeconômico)
Brasil	Resinas de policarbonato	Monopólio da indústria doméstica; A indústria doméstica encerraria suas atividades, Desemprego. (Bem-estar socioeconômico e Pleno emprego)

Assim, todas essas questões de direitos humanos de nova geração, envolvendo o interesse dos importadores, usuários industriais e consumidores só foram analisadas no âmbito dos referidos processos *antidumping*, em razão do interesse público. No Brasil, no Canadá e na UE, além do *dumping*, do prejuízo e do nexo de causalidade, as autoridades locais poderão levar em consideração também a análise do interesse público para aplicar ou não uma medida *antidumping*.

6. Conclusão

A caracterização do *dumping* no âmbito da OMC, com fulcro no AAD/1995, e no âmbito das legislações internas de seus Países-Membros exigirá, sempre, a exportação de um produto, comprovadamente com preço de exportação inferior ao valor normal praticado no mercado interno do país exportador.

Para que os Países-Membros da OMC possam utilizar-se de uma medida *antidumping*, faz-se necessário que, juntamente com o *dumping*, estejam caracterizados o prejuízo à indústria doméstica do país importador e o nexo de causalidade entre o *dumping* e o prejuízo.

Contudo, mesmo atendidos os três requisitos para a instituição de uma medida *antidumping*, existem situações em que, ao se comparar os benefícios auferidos pela indústria doméstica com os possíveis danos causados a outras indústrias que utilizam o produto *dumpiado* como matéria-prima para fabricarem outros produtos (usuários industriais); aos consumidores; e, a outras partes que não utilizam o produto *dumpiado* em seu processo produtivo ou não o consomem com frequência, chega-se à conclusão de que a instituição das medidas irá ferir um interesse maior, qual seja, o interesse público.

A definição de interesse público no âmbito das relações comerciais internacionais é estabelecida como um conjunto de elementos associados à imposição de custos decorrentes da aplicação das medidas *antidumping* sobre:

a) os importadores do produto *dumpiado*;

b) os usuários industriais (outras indústrias do país importador que se utilizam do produto *dumpiado* para fabricar outros produtos);

c) os consumidores em geral, em comparação com os benefícios trazidos para indústria beneficiada com a aplicação de tais medidas.

Cabe ressaltar que a aplicação das medidas *antidumping* visa a proteger a indústria nacional do país importador, deixando de lado o interesse de outros personagens importantes: importadores, usuários industriais e consumidores, razão pela qual não se vislumbra a possibilidade de análise de questões originárias da situação dos importadores, usuários industriais e consumidores, quando tal medida é aplicada, mas, sim, quando ela não é aplicada, suspensa ou reduzida.

O AAD/1995 não obriga que os Países-Membros da OMC considerem o interesse público de forma abrangente em suas legislações internas de *antidumping*, mas também não proíbe, asseverando apenas que "todas as partes interessadas numa investigação *antidumping* devem ser notificadas de seu direito de apresentar, por escrito, as evidências que julgarem relevantes para o julgamento" (art. 6.1, do AAD/1995).

Aproveitando essa discricionariedade da legislação de regência de *antidumping*, alguns Países-Membros da OMC já preveem a consideração do interesse público em suas legislações internas de *antidumping*.

Tais países (Brasil, Canadá e União Europeia) já possuem importantíssimos precedentes no sentido de não aplicar, reduzir ou suspender as medidas *antidumping*, justamente, em razão do interesse público.

O Canadá, por exemplo, é único dos três países analisados que possui legislação interna de *antidumping* que possibilita a consideração de outros fatores, além dos econômicos, no processo investigatório de interesse público. E isso ocorre, justamente, porque o Canadá é um estado federado, ou seja, o CITT pode tratar de temas como a saúde pública sem ferir a soberania fundamental de seus Estados-Membros.

Prova disso é a decisão proferida no caso das Comidas Industrializadas para Bebê – CIB –, por meio da Decisão n. PB-98-001, em que o CITT levou em consideração o substancial aumento de preço que haveria com a instituição das medidas *antidumping* sobre o produto *dumpiado* e a grande dificuldade que as famílias de baixa renda passariam a enfrentar para comprar tais produtos.

Mais ainda, o CITT considerou a saúde alimentar dos bebês entre 4 e 18 meses de idade, que deixariam de ter acesso à comida industrializada de boa qualidade.

No entanto, o CITT deixou bastante claro, na própria decisão, que, embora o interesse público tenha o conceito amplo e flexível e que inclui considerações para além dos interesses das partes de um litígio, isso não significa que não haja limites sobre os fatores que o Tribunal deva analisar, ou seja, o Tribunal não é um assessor do Ministro das Finanças sobre a distribuição de riqueza e renda entre os diferentes interesses privados. Então, com base no interesse público, o CITT determinou a redução das medidas *antidumping* que haviam sido impostas.

Diferentemente do Canadá e do Brasil, o interesse da União, como passou a se chamar o interesse público na UE, no procedimento administrativo de *dumping*, não possui o condão de suspender ou reduzir uma medida *antidumping*, mas, apenas e tão somente, de determinar a sua extinção (não aplicação).

Identificou-se, no âmbito na UE, uma preocupação muito grande com a preservação do emprego na indústria doméstica. É que na UE o "pleno emprego" juntamente com o "progresso social" (bem-estar socioeconômico) são tratados como fatores econômicos "meta de uma economia social de mercado altamente competitiva".[268]

Assim sendo, a CE não pode, de forma válida e legal, regulamentar através da instituição de medidas *antidumping*, questões que sejam de competência exclusiva de seus Países-Membros (saúde pública), sob pena de ferir a soberania fundamental dos mesmos.

Tal circunstância pode ser confirmada pela decisão proferida pela CE no caso das bolsas de folhas de plástico ou de materiais têxteis, através do Regulamento CE n. 1.567/1997.

A CE asseverou que foram identificados 14.000 postos de trabalho relativos à cadeia de distribuição de bolsas sintéticas que, certamente, seriam afetados com as medidas *antidumping*, sendo que não se previu que os níveis de emprego dos fabricantes das referidas bolsas da UE diminuiriam consideravelmente, levando-se em consideração o fato de a indústria interna privilegiar os mercados de exportação. Por essa razão, com base no interesse da União, as medidas *antidumping* foram extintas.

Aliás, a CE, ao proferir sua decisão no caso dos discos versáteis digitais para gravação (DVD+/-R), Decisão CE n. 703/2006, teceu importantíssima consideração a respeito dos critérios que devem ser utilizados para identificação do interesse da União, ao asseverar:

---

[268] "Tratado da União Europeia. Art. 3º [...]. 3. A União estabelece um mercado interno. Empenha-se no desenvolvimento sustentável da Europa, assente num crescimento econômico equilibrado e na estabilidade dos preços, numa economia social de mercado altamente competitiva que tenha como meta o pleno emprego e o progresso social, e num elevado nível de proteção e de melhoramento da qualidade do ambiente. A União fomenta progresso científico e tecnológico". (PAIS, Sofia Oliveira. *Direito da União Europeia*: Legislação e Jurisprudência Fundamentais. Portugal, Lisboa: Quid Juris, 2014, p. 13).

[...] embora o artigo 21º do regulamento de base determine, efetivamente, que deve ser concedida especial atenção à necessidade de eliminar os efeitos de distorção do comércio provocados por *dumping* que cause prejuízo bem com à necessidade de restabelecer uma concorrência efetiva, esta disposição deve ser entendida no contexto do interesse geral da Comunidade, tal como, aliás, se prevê no referido artigo.[269]

Por fim, o Brasil, seguindo a mesma tendência, acertadamente instituiu o interesse público como um quarto requisito para instituição de uma medida *antidumping* e já possui decisões importantes protegendo a indústria nacional de possível escassez de matéria-prima, ao exarar a Resolução n. 74 da CAMEX.

Mas, igualmente com base no interesse público, supreendentemente, por meio de uma decisão monocrática, burlando todo sistema processual existente para instituição de medidas desse jaez e infringindo o princípio da segurança jurídica, o Brasil expediu a Resolução n. 35 da CAMEX, deixando livre de medidas *antidumping* a exportação de quaisquer produtos destinados à Copa do Mundo FIFA 2014.

Cabe ressaltar, então, que as questões referentes à justiça social, distribuição de renda, pleno emprego e bem-estar socioeconômico que se constituem em situações originárias da situação dos importadores, usuários industriais e consumidores, só foram analisadas e utilizadas nas decisões referidas no capítulo anterior para justificar a não aplicação, suspensão ou redução das medidas *antidumping*, em decorrência do interesse público (Quadro 6).

Dessa forma, entende-se que a legislação de regência da matéria *antidumping* (AAD/1995) deveria, sim, determinar que, obrigatoriamente, os Países-Membros considerassem o interesse público como um verdadeiro quarto requisito para instituição de tais medidas em suas legislações internas de *antidumping*, na que medida em que, certamente, isso proporcionaria a análise de questões originárias da situação dos importadores, usuários industriais e consumidores, para não aplicação, suspensão ou redução das medidas *antidumping*.

Contudo, o AAD/1995 deve permitir, também, que cada País-Membro estabaleça, em sua legislação interna de *antidumping*, qual é o conceito de interesse público, justamente para não ferir soberanias.

É que no Canadá, por exemplo, identifica-se uma maior possibilidade de análise de questões originárias da situação dos importadores, usuários industriais e consumidores, por meio do interesse público, para não aplicação, redução ou suspensão das medidas *antidumping*, posto que o CITT, em algumas decisões, já analisou questões de cunho social e de saúde humana.

---

[269] Decisão CE n. 713/2006, OJ L 293, 24.10.2006 (28) a (40), p. 14.

De outra ponta, a União Europeia também analisa questões originárias da situação dos importadores, usuários industriais e consumidores, por meio do interesse público, para não aplicação redução ou suspensão das medidas *antidumping*, entretanto, na grande maioria das vezes, através do pleno emprego e bem-estar socioeconômico.

O Brasil, por sua vez, identifica-se, e muito, com o sistema da UE, pois analisa questões originárias da situação dos importadores, usuários industriais e consumidores, por meio do interesse público, para não aplicação, redução ou suspensão das medidas *antidumping*, porém em busca da preservação do pleno emprego, distribuição de renda e bem-estar socioeconômico.

Assim, tanto o Brasil como a UE fulcram suas análises de questões originárias da situação dos importadores, usuários industriais e consumidores, por meio do interesse público, para não aplicação, redução ou suspensão das medidas *antidumping*, em circunstâncias econômicas. Por outro lado, o Canadá baseia-se em questões sociais e de saúde humana.

Por meio da análise da legislação interna de *antidumping* dos Países-Membros da OMC, Brasil, Canadá e União Europeia, e do exame do conteúdo de precedentes julgados em tais países, restou demonstrado que o interesse público proporciona que sejam consideradas questões originárias da situação dos importadores, usuários industriais e consumidores, para não aplicação, redução ou suspensão das medidas *antidumping*.

Com base no interesse público, têm-se protegido os países importadores das consequências desastrosas decorrentes da aplicação das medidas *antidumping*, analisando-se questões relativas aos importadores, usuários industriais e consumidores, simplesmente ao se atribuir respostas aos seguintes fatores:

a) a incapacidade da indústria doméstica de suprir a demanda do produto *dumpiado*;

b) evidências de que a indústria doméstica irá se desenvolver com a aplicação das medidas *antidumping*;

c) a posição favorecida ou não da indústria doméstica, ou seja, se é factível a entrada de outro fornecedor no território do país importador;

d) o setor industrial interessado na aplicação da medida *antidumping* sobe o qual haverá maior impacto em emprego e renda (o setor que fabrica o produto *dumpiado*; o de o utiliza como insumo para fabricação de outros produtos; ou, ainda, o de que operacionaliza sua importação);

e) a possibilidade de substituição de uma importante parcela das importações a preço de *dumping* por importações de outros países não *dumpiados*;

f) a existência ou não de manifestação de associações de consumidores;

g) a capacidade da indústria doméstica se desenvolver durante a aplicação das medidas *antidumping*;

h) a proteção do setor industrial com a aplicação das medidas *antidumping* como estratégia para a economia do país importador;

i) a diminuição da oferta de produtos (opção de escolha) para os consumidores, combinada com aumento de preços;

j) a possibilidade de ter havido qualquer prática de qualquer ato que possa ser caracterizado como aproveitamento da situação, por parte do setor industrial que teve o benefício da medida *antidumping*, durante o período de sua vigência.

Referências

AGGARWAL, Arahdna. *The WTO anti-dumping agreement:* possible reform through the inclusion of a public interest clause. Indian Council for Research on International Economic Relations (ICRIER). Working Paper n. 142, set. 2004. Disponível em:<http://www.icrier.org/pdf/wp142.pdf>. Acesso em: 17 mai. 2015.

AMARAL JÚNIOR, Alberto do. *Introdução do direito internacional público.* São Paulo: Atlas, 2008.

AMARAL JÚNIOR, Alberto do; CELLI JUNIOR, Umberto (Org.). *A OMC desafios e perspectivas.* São Paulo: Aduaneiras, 2014.

ANDERSON, Henrik. *EU Dumping Determinations and WTO Law.* New York: Kluwer Law International, 2009.

ARRUDA, Gustavo Fávaro. *Entendendo o dumping e o direito antidumping.* Revista do Instituto Brasileiro de Estudos das Relações de Concorrência e de Consumo – IBRAC. São Paulo: Singular, v. 12, n. 6, jul./set. 2005, p. 9-45.

AVSAR, Veysel. *Antidumping, retaliation threats, and export prices.* The World Bank Economic Review, USA, v. 29, n. 2, 2015, p. 133-148. DOI:10.1093/wber/lhs010.

BARCELÓ III, John J. *A History of GATT Unfair Trade Remedy Law* – Confusion of Purposes, Cornell Law Faculty Publications, paper 517, 1991, p. 310-3404. Disponível em: <http://scholarship.law.cornell.edu/facpub/517>. Acesso em: 20 de jun. 2015.

BARROS, Maria Carolina Mendonça de. *Antidumping e Protecionismo.* São Paulo: Aduaneiras, 2004.

BAUMANN, Renato (org.). *O Brasil e a economia global.* Rio de Janeiro: Campus 1996.

CASELA, Paulo Borba. MERCADANTE, Aramita de Azevedo (coord.). *Guerra comercial ou integração mundial pelo comércio?* A OMC e o Brasil. São Paulo: LTr, 1998.

CLAMOUR, Guylain. *Intérêt general ET concurrence* – Essai sur la pérennité du droit public em économie de marche. Paris, Dalloz, 2006.

CORDOVIL, Leonor. *Antidumping:* interesse público e protecionismo no comércio internacional. São Paulo: Revista dos Tribunais, 2011.

COSTA, Ligia Maura. Os tribunais supranacionais e a aplicação do direito comunitário: aspectos positivos e negativos. In: VENTURA, Deisy (org.). *Direito Comunitário do Mercosul.* Porto Alegre: Livraria do Advogado, 1997, p. 177-187.

——. *Os direitos humanos no órgão de solução de controvérsias da OMC:* demolindo obstáculos e construindo pontes. REDIDH – Revista de Direito Internacional dos Direitos Humanos, v. 1, n. 1, jul./set. 2013, p. 77-99. Disponível em:<http://www.revistadidh.com.br/ojs/index.php/REDIDH/article/view/14>. Acesso em 14 jun. 2015.

D'ORNELLAS, Maria Cristina Gomes da Silva. VIEIRA, Gustavo Oliveira. *Direitos Humanos e Comércio Internacional:* A necessidade da construção de pontes por meio da segurança alimentar e os novos desafios da OMC. NOMOS – Revista do Programa de Pós-Graduação em Direito da Universidade Federal do Ceará, v. 32, n. 2, jul./dez. 2012, p. 179-203. Disponível em: <http://periodicos.ufc.br/index.php/nomos/article/view/357/339>. Acesso em: 25 mai. 2015.

DEITOS, Marc Antoni. *Processo decisório em política externa no Brasil* – a participação do empresário nacional. Porto Alegre: Ed. UniRitter, 2012.

DESWARTE, Marie-Pauline. *L'Intérêt Général dans la Jurisprudence du Conseil Constitutionnel*. Revue Française de Droit Constitutionnel et de la Science Politique em France ET a l'Etranger, n. 13. Paris: Presses Universitaires de France – PUF, 2013.

DISENHA, Rui Carlos. *Interpretação antropocêntrica*: uma proposta hermenêutica para uma Organização Mundial do Comércio democrática. JURIS – Revista da Faculdade de Direito da Universidade Federal do Rio Grande, v. 13, 2008, p. 37-74. Disponível em:<www.seer.furg.br/juris/article/viem/3170>. Acesso em: 14 jun. 2015.

EINHORN, Talia. *Reconciling Israeli Antidumping Law with WTO/GATT International Trade Law Rules*. Israel Law Review: faculty of law, Hebrew University, v. 32, n. 1, 1998, p. 81-138.

FINCATO, Denise Pires. *A pesquisa jurídica sem mistérios* – do projeto de pesquisa à banca. Porto Alegre: Notadez, 2008.

GASPAR, Ana Catarina da Costa. *A violação dos direitos humanos e a OMC*. 197 f. Dissertação (Mestrado) – Universidade de Lisboa, Faculdade de Direito, Lisboa, 2013. Disponível em:<http://repositorio.ul.pt/handle/10451/11797>. Acesso em: 12 jun. 2015.

GENDREAU, Monique Chemillier. *Algo de novo na OMC*. INESC. 21.01.2008, p.1. Disponível em:<http://www.inesc.org.nr/noticias/noticias-gerais/2008/janeiro/algo-de-novo-na-omc>. Acesso em 09 jun. 2015.

GRICE, Paul. *Studies in the way of words*. Cambridge (MA): Harvard University Press, 1999.

GUEDES, Josefina Maria M.M. PINHEIRO, Silvia, M. *Antidumping subsídios e medidas compensatórias*. 3.ed. São Paulo: Aduaneiras, 2012.

GUIA prático sobre a OMC e outros acordos comerciais para defensores dos direitos humanos. 29.05.2007. Disponível em:<www.dhnet.org.br/dados/guias/a_pdf/guia_pratico_dh_omc_conectas>. Acesso em: 16 jun. 2015.

HEES, Felipe. VALLE, Marília Castañon Penha Valle (Org.). *Dumping, subsídios e salvaguardas*: revisitando aspectos técnicos dos instrumentos de defesa comercial. São Paulo: Singular, 2012.

——, apud J. Michel Finger. *Dumping and antidumping: the rhetoric and the reality of protection in industrial countries*, The World Bank Research Observer. Osford, v. 7, n. 2, July 1992.

JACKSON, Jonh Howard. *The Word trading system*: law and policy of international economic relations. 3th ed. Massachusetts: Trade Typesetting Ltd., 1999.

KAUSHIK, K. R. SHARMA, Sharat. *Evaluating the efficacy to GATT/WTO Agreement on antidumping*. International Journal of Application or Innovation in Engineering & Manegement (IJAIEM). Issue 6, v. 3, June 2014.

LAFER, Celso. *A OMC e a regulamentação do comércio internacional*: uma visão brasileira. Porto Alegre: Livraria do Advogado, 1998.

——. *Comércio, desarmamento, direitos humanos*. Reflexões sobre uma experiência diplomática. São Paulo: Paz e Terra, 1999.

LOWENFELD, Andreas F. *International economic law*. 2th ed., 2008. Disponível em:<https://books.google.com.br/books?id=kz9M4JKgm78C&pg=PR3&hl=pt-BR&source=gbs_selected_pages&cad=2#v=onepage&q=268&f=false.> Acesso em: 14 mai. 2015.

MACERA, Andrea Pereira. *Interesse público e defesa comercial*: considerações gerais. Disponível em: <http://www.funcex.org.br/publicacoes/rbce/material/rbce/114_APM.pdf>. Acesso em: 17 mai. 2015, p. 114.

MELLO, Celso Antônio Bandeira de. *Curso de direito administrativo*. Malheiros, São Paulo, 2007.

MONTEIRO, Carmen. GALVÃO, Letítica. *Interesse Público*: critérios para consideração em processos de investigação *antidumping*. Ministério da Fazenda. Secretaria de Acompanhamento Econômico do Ministério da Fazenda. Documento de Trabalho n. 44. Dezembro de 2006, p.3. Disponível em: <http://www.seae.fazenda.gov.br/notas-a-imprensa/pdfs/Guia%20Interesse%20Publico_jan2014.pdf>. Acesso em: 16 fev. 2015.

PAIS, Sofia Oliveira. *Direito da União Europeia*: Legislação e Jurisprudência Fundamentais. Portugal, Lisboa: Quid Juris, 2014.

PETERSMANN, Ernst-Ulrich. *Time for a United Nations 'Global Compact' for Integrating Human Rights into the Law of Worldwide Organizations*: Lessons from European Integration. EJIL – Europen Journal of International Law, v. 13, jun. 2002. Disponível em:<http://www.ejil.org/pdfs/13/3/488.pdf. DOI 10.1093/ejil/12.3.621>. Acesso em: 25 mai. 2015.

POHLMANN, Marcelo Coletto; IUDÍCIBUS, Sérigo. *Tributação e Política Tributária* – Uma abordagem Interdisciplinar. São Paulo: Atlas, 2006.

——. FRANCIONI, Francesco. *Humann Rigts in International Investment law and arbitration.* New York: Oxford University Press, 2009.

RAINELLI, Michel. *L'Organisation mondiale du commerce.* Paris: La Décourvete, 2012.

RAMOS, André de Carvalho. *Direitos Humanos na integração econômica.* São Paulo: Renovar, 2008.

REID, M. Bolton. *Anti-Dumping and Distrust:* Reducing Anti- Dumping Duties under the W.T.O. through Heightened Scrutiny. Berkley Journal of International Law, vol. 29, issue 1, 2011, p. 75. Disponível em:<http://scholarship.law.berkeley.edu/bjil/vol29/iss1/2.> Acesso em: 26 jun. 2015.

ROMANO, Alessandro; THAMMAPITAGKUL, Peachya. *Antidumping.* A public interest no so much in the public interest. Manchester Journal of International Economic Law, USA, v. 10, n. 1, 2013, p. 59-77. Disponível em: <https://www.electronicpublications.org/stuff. php?id=419.> Acesso em 25 jun. 2015.

SANTOS, Pablo Fonseca Pereira. *Guia para análise econômica de processos de interesse público.* Ministério da Fazenda. Secretaria de Acompanhamento Econômico. Janeiro de 2014. Disponível em:<http://www.seae.fazenda.gov.br/notas-a-imprensa/pdfs/guia%20interesse%20públ ico-jan2014.pdf>. Acesso em: 16 fev. 2015.

SEN, Amartya. *A ideia de justiça.* São Paulo: Schwarcz S.A., 2013.

TAIAR, Rogércio. CAPUCCIO, Camila. *A Organização Mundial do Comércio e os Direitos Humanos:* uma relação possível? FDUPS – Revista da Faculdade de Direito da Universidade de São Paulo – USP, São Paulo, v. 105, jan./dez. 2010.

VERMULST, Edwin; IKENSON, Daniel. *Zeroing under the WTO Anti-Dumping Agreement:* Where Do WE Sand? Global Trade and Customs Journal, United Kingdom, London, v. 2, ano 6, 2007, p. 231-242. Disponível em: <https://www.kluwerlawonline.com/abstract.php?area= Journals&id=GTCJ2007029>. Acesso em: 14 mai. 2015.

VINCENT, Philippe. *Institutions Économiques Internationales* – Éléments de droit international économique. 2th ed. Bégica: Larcier, 2013.

WU, Mark. *Antidumping in Asia's Emerging Giants.* Harvard International Law Journal, USA, v. 53, n. 1, 2012, p. 102-172. Disponívem em: <http://chongbanphagia.vn/Uploaded/Users/ Admin/files/2015/5/AD%20in%20Asia%20emerding%20giants.pdf>. Acesso em: 25 jun. 2015.

Bibliografia consultada

BAPTISTA, Luis Olavo; CELLI JUNIOR, Umberto; YANOVICH, Alan (orgs.). *10 Anos de OMC*: Uma análise do Sistema de Solução de Controvérsias e Perspectivas. São Paulo: Aduaneiras, 2007.

BASTOS, Eduardo Lessa. *Estudo analítico do dumping na esfera internacional.* Curitiba: Juruá, 2012.

BOLTUCK, Richard D. *An economic analysis of dumping.* Journal of Word Trade Low. *Twickenham*, v. 21, n. 5, out. 1987.

COSTA, Ligia Maura. *OMC e direito internacional do desenvolvimento sustentável.* São Paulo: Quartier Latin, 2013.

FARIA, Fábio Martins. *A defesa comercial* – origens e regulamentação das medidas *antidumping*, compensatórias e de salvaguardas. São Paulo: Aduaneiras, 2013.

FERNANDEZ, Leando. *Dumping social.* São Paulo: Saraiva, 2014.

——. *Dumping social e o comércio internacional.* Revista Síntese de Direito Empresarial, São Paulo, ano 5, n. 27, Jul./Ago. 2012.

FURLAN, Fernando de Magalhães; FELSBERG, Thomas Benes (orgs.). *Brasil China comércio, direito e economia.* São Paulo: Lex Editora, 2005.

GRECO, Marco Aurélio; GODOI, Marciano Seabra (orgs.). *Solidariedade Social e Tributação.* São Paulo: Dialética, 2005.

HOEKMAN, Bernard, KOSTEKI, Michel. *The Political Economy of the World Trade System* – Fron Gatt to WTO. Oxford: University Press, 1996.

JOB, Ulisses da Silveira. *OMC:* Multilateralismo e desenvolvimento. Curitiba: Juruá, 2011.

LAFER, Celso. *Dumping social.* Direito e Comércio Internacional – estudos em homenagem a Irieneu Strenger. São Paulo: LTr, 1994.

LAGELLE, Anaïs. *Les Standards em droit international économique.* Contribution à l'étude de la normativité internationale. Paris: L'Harmatten, 2014.

LEÃES, Luiz Gastão Paes de Barrosa. *O Dumping como forma de abuso de poder econômico.* Revista de Direito Mercantil, Industrial, Econômico e Financeiro, Rio de Janeiro, v. 32, n. 91, jul.-set. 1993.

LONGO, André Koller Di Francesco. *O planejamento tributário como alternativa para defesa concorrencial em operações de importação com o mercado Chinês.* São Paulo, v. 21, n. 110, maio/jun. 2013, p. 387-395.

OLIVEIRA, Carlos Tavares de. *China o retorno à liderança mundial.* São Paulo: Aduaneiras, 2012.

PERANTONI, Marianna. *Os subsídios no sistema OMC e a defesa comercial no Brasil.* Rio de Janeiro: Lumen Juris, 2014.

PRAZERES, Tatiana Lacerda. *A OMC e os blocos regionais.* São Paulo: Aduaneiras, 2008.

PINHEIRO. Silvia Marina. *Responsabilidade Internacional e dos Estados na OMC.* São Paulo: Aduaneiras, 2007.

PIOVESAN, Flávia. *Direitos Humanos e Justiça Internacional.* 3. ed. São Paulo: Saraiva: 2012.

QUARESMA, Henry Uliano. *O Fator China.* São Paulo: Aduaneiras, 2012.

RODRIGUES, José Roberto Pernomian. *O dumping como forma de expressão do abuso do poder econômico:* caracterização e conseqüências. 1999. 284 f. Tese (Doutorado) – Faculdade de Direito da Universidade de São Paulo, 1999.

SARLET, Ingo Wonfgang. *Dignidade da pessoa humana e direitos fundamentais na Constituição Federal de 1988.* Porto Alegre: Livraria do Advogado, 2011.

SEN, Amartya. *Desigualdade reexaminada.* Rio de Janeiro: Record, 2012.

——. *Sobre ética e economia.* São Paulo: Companhia das Letras, 2012.

——. KLIKSBERG, Bernando. *As pessoas em primeiro lugar* – a ética do desenvolvimento e os problemas do mundo globalizado. São Paulo: Companhia das Letras, 2010.

SHEN, Noronha Luo Pang. *A China Pós-OMC:* Direito e Comércio. São Paulo: Observador Legal, 2004.

Impressão:
Evangraf
Rua Waldomiro Schapke, 77 - POA/RS
Fone: (51) 3336.2466 - (51) 3336.0422
E-mail: evangraf.adm@terra.com.br